经营入门

INTRODUCTION TO MANAGEMENT

本书特为企业管理者和立志成为管理者的人们所撰写
相信熟读本书，能够推动小型企业一跃成为颇具规模的上市公司

[日] 大川隆法
Ryuho Okawa

金羽/译

北方联合出版传媒(集团)股份有限公司
万卷出版公司

图书在版编目（CIP）数据

经营入门/（日）大川隆法著；金羽译. ——沈阳：万卷出版公司，2015.4

ISBN 978-7-5470-3569-6

Ⅰ.①经… Ⅱ.①大…②金… Ⅲ.①企业管理—通俗读物 Ⅳ.①F270-49

中国版本图书馆CIP数据核字（2015）第047957号

著作权合同登记号：06-2015-06

All rights reserved. No part of this book may be reproduced in any form without the written permission of the publisher.

出版发行：北方联合出版传媒（集团）股份有限公司
　　　　　万卷出版公司
　　　　　地址：沈阳市和平区十一纬路29号　邮编：110003
印　刷　者：上海新艺印刷有限公司
经　销　者：全国新华书店
幅面尺寸：210mm×140mm　　150千字　　9印张
版次印次：2015年4月第1版　2015年4月第1次印刷
图书作者：（日）大川隆法
责任编辑：张旭
特约编辑：王慧瑛
封面设计：概念设计工作室
排版设计：尚态工作室
ＩＳＢＮ　978-7-5470-3569-6
定　　价：138.00元

联系电话：024-23284090
传　　真：024-23284521
E – mail：vpe_tougao@163.com
网　　址：www.chinavpc.com

常年法律顾问：李福
版权专有　侵权必究　举报电话：024-23284090

前　言

　　本书是特别为企业管理者和立志成为管理者的人们所撰写的。书中反复强调的内容是重中之重。

　　相信熟读本书，就能够推动小型企业一跃成为颇具规模的上市公司。

　　在此，祝各位马到功成。

大川隆法

... 目 录 ...

第一部　从人类学角度看经营

第一章　生意兴隆的秘诀
　　——何谓感动顾客的服务

1 "感动顾客的服务"能促进企业成长 / 3

2 不能苟同的企业内部原因 / 4

　　教条主义的弊害 / 4

　　小不同，大差距 / 6

3 站在顾客的立场上思考 / 8

　　从"顾客至上"中谈一谈提供服务者的正确做法 / 8

　　感动人心的服务，来源于每个员工的主观能动性 / 10

4 充满热情才能感动他人 / 12

　　热情来自于为世间做贡献的使命感 / 12

　　只要充满热情，任何工作都是神圣的 / 13

5 客观地审视自己 / 14

　　你是否用主观意识左右经营策略？ / 14

　　缺乏客观视角的人迟早被淘汰 / 16

　　客观审视，才能抓住顾客的心 / 18

6 没有回头客，连维持现状都不容易 / 20

———— 经营入门 ————

  争取回头客是非常重要的事情 / 20

7 在企业经营上如何看待"反省"与"生意兴隆"之间的关系 / 21

  经营者需要不断反省 / 21

  养成反省的习惯才能促进发展 / 23

第二章 如何成为"帅才"
——充分发挥天命所授的人才论

1 "为世间、为人类做贡献"的心愿是人的天性 / 27

  何谓工作的本质 / 27

  人们为了什么而工作 / 28

2 报酬与能够胜任工作的人类智慧是对等的 / 30

3 越忠于天命，越能充分发挥自己的才能 / 33

  客观发掘自身的能力与天赋 / 33

  身为经营者，应当善反省、知天命 / 35

  热忱之剑所向披靡 / 38

  热忱来自信仰心和感恩之心 / 41

4 经营者要善于分清工作的重要性 / 43

  分不清"大、中、小"三个理念的经营者不够格 / 43

  倾向从琐碎工作着手的人成不了经营者 / 46

... 目 录 ...

5 培养帅才气度的人际关系论 / 48

　企业的人际关系分为四个象限 / 48

　爱才并善用人才，称之为"元帅气度" / 57

6 成为"有用"而非"有能"的人 / 59

7 如何借助他人的力量是发展事业的秘诀 / 61

　企业高层要坚持钻研，不断突破能力局限 / 61

　企业高层的时间管理术 / 62

　企业发展需善于用人 / 64

8 管理能力的基础是知人善用 / 65

　研究人类学的三种方法 / 65

　最适合人类学研究的书籍 / 67

9 "人心"决定未来的时代趋势 / 71

10 "工作"与"爱"存在于同一个次元 / 72

11 把握重要的部分，去除多余的部分 / 73

12 从容不迫，让整体收益最大化 / 75

　超前意识有助于提高发展速度 / 75

　解决烦恼的方法——预习型人生和积极的休养 / 77

―――― 经营入门 ――――

第二部　经营者的素养

第一章　寄语小型企业社长
——提高企业领导人的能力和思维方式

1 探寻经营者的苦恼 / 83
　　小企业需要全才型社长 / 83
　　员工无法理解社长的苦恼 / 84

2 经营者的水平决定了公司的发展 / 86
　　经营者的个人能力制约公司的发展 / 86
　　经营是接连不断的"发明创造" / 87
　　改造员工之前先要改造自己 / 88

3 小型企业实行家族式经营未尝不可 / 89
　　在小企业中，社长夫人发挥着重要的作用 / 89
　　小型企业很难获得亲友之外的人才 / 91
　　经营者要在提高自身能力的同时，提高自身素养 / 92

4 小型企业的经营要点 / 94
　　要点 1　确保收入来源 / 94
　　不断寻找和思考能为企业带来收益的产品 / 94
　　要点 2　构建组织 / 95
　　组织的构建方法是拆旧建新 / 95

... 目 录 ...

　　要点3　经营决断 / 96
　　　　不惧"朝令夕改"的批评，果断推行决策 / 96
　　要点4　制定流程 / 98
　　　　将工作流程和想法落实到纸上，让别人遵照执行 / 98
5 关于利润和纳税 / 101
　　纳税金额增加的同时，企业的未分配利润也将增长 / 101
　　评价产品的是顾客 / 104
6 将艰难的经营决策当作禅机，磨炼坚定不移的信念 / 105
　　在企业蜕皮期"人事调整"的应对方法 / 105
　　社长要敏锐、严格、智慧 / 107

第二章　常胜的领导才能论
　　　　——如何成为拥有千名以上员工的大企业

1 何谓基于"完整人格思想"的常胜思考 / 111
2 经营者必须清楚"个人想法"的影响力 / 113
　　经营者的能力决定企业的发展 / 113
　　中小型、微型企业适用"独裁式经营"方式 / 114
　　企业的发展不可能超出经营者的能力 / 117
3 继承事业的注意点 / 118
　　看透继承人的经营能力 / 118

经营入门

　　企业的思维模式与其规模相配套 / 119
4 "生意"是创业的根本 / 122
　　忘"本"地调整企业架构是错误的 / 122
　　个人能力与企业规模的关系 / 124
5 带动发展的企业架构的构建方法 / 125
　　社长要重视财务和人事 / 125
　　正确判断出落伍的人才 / 128
　　能否成为称职经营者的决定性因素 / 130
　　怎样安置劳苦功高的元老级员工 / 131
　　企业进一步发展需要补充新鲜血液 / 133
　　回归"顾客至上"的原点 / 134
6 突破发展的瓶颈 / 136
　　突破"转变思想"的局限 / 136
　　审视造成瓶颈的原因是否在于经营者自己 / 138
7 "发现和创造需求"有利于企业发展 / 145
8 稳重务实型经营者的前瞻性 / 146
9 透彻研究对手的成功和失败 / 147
10 "常胜思考"让一切都变为成功的原因 / 149
　　将消极转化为积极的方法 / 149
　　突破瓶颈的方法——常胜思考 / 150

... 目 录 ...

经营者必须清楚有利于发展的思维模式之间的不同 / 151

第三部 发展与繁荣的秘诀

第一章 经营入门
——经营者应具备的8种能力

1 经营，是运用人才经营事业、取得成果 / 157

经营者往往在不自觉中一个人包揽了全部的工作 / 157

经营的本质不是单打独斗而是运用人才 / 159

再优秀的人也有体力和时间上的极限 / 161

经营的基本是用别人的才能和时间实现高目标 / 162

经营不能单凭地位和年龄 / 164

2 树立"经营理念"这面旗帜 / 166

将经营理念贯彻组织上下 / 166

依据经营理念，员工才能够独立判断和行动 / 167

3 构想力——描绘事业整体的具体前景 / 171

4 训练如何树立理论 / 172

努力学习如何创立理论 / 172

将"经营理论"一一连接，建立企业文化 / 174

———— 经营入门 ————

将矛盾的能力同时发挥作用的经营者才会成功 / 175
5 具备教育者的素质才能扩大事业 / 177
6 判断力——经营者必须要做出的艰难抉择 / 179
　判断"取"与"舍" / 179
　组织规模越大，判断与要承担的责任越重 / 181
　即使判断失误也能及时转舵 / 183
7 针对经营者的"公私"问题 / 184
　管理层与员工对于"公与私"的判断有所不同 / 184
　一旦企业倒闭，经营者会在公私问题上被追究责任 / 187
8 进退拿捏——完美的谢幕与继承人的培养 / 189
　老社长的进退问题应由本人判断 / 189
　限定自己的工作范围，放手交给继承人 / 191
　让元老级管理层圆满退休 / 193
　怎样避免过渡期的权力倾轧 / 195
　要妥善关照元老们的晚年生活 / 197
　继承人到了 45 岁时，创业社长要考虑引退 / 199

第二章　事业繁荣的秘诀
　　　——坚忍不拔的精神将推动事业的发展

...目录...

1 从客观立场谈社长这个职业 / 205

　顺应小企业社长的需求 / 205

　使企业成长到千人规模的方法 / 206

　适用于企业经营的方法论 / 208

2 所有的经营者都应富有使命感 / 209

　思考怎样孜孜不倦地为人类做贡献 / 209

　社长实质上拥有比首相更大的权限 / 210

3 面临破产风险是锻炼经营者的良机 / 212

　淘汰多余的部分 / 212

　经营者没有属于个人的资产则不被世间信任 / 213

4 把握事业的成长性 / 215

　把资金投放在用于担保的土地上是经营者的失职 / 215

　培养前瞻性，敢于冒着风险下决断 / 217

5 要有上亿财富在前也气定神闲的气魄 / 218

　社长必须"会赚钱" / 218

　"花钱"比"赚钱"难得多 / 222

　预估"花钱"的收效 / 223

6 经营者要严格要求自己 / 225

　不能坚持开拓眼界的社长将沦为累赘 / 225

　经营者对自己严格要求是"爱"的体现 / 227

———— 经营入门 ————

第三章　经营的秘诀
####　　　——创造高附加值的经营者心得

1 经营者应具备"创造成果"的思维模式 / 231

2 由经济全球化引发的世界性通货紧缩 / 234

　不要对环境的好转盲目乐观，应该思考如何在严酷的环境下生存 / 234

　发展中国家拉低发达国家的物价 / 235

3 把技术革新带动的物价回落作为经营决策的一环 / 237

　文明的利器使物价下降 / 237

　生产力的发展停滞，说明存在低效能环节 / 239

4 单凭打价格战无法生存 / 242

　创造高品质、高性能的"高附加值商品" / 242

　日本应该从发展中国家吸引外国人来增加人口吗？ / 243

　只会打"价格战"的企业必然倒闭 / 246

5 开发高附加值的商品是中小型企业的生存之道 / 246

　用优于同行业的商品或服务，均衡降价的压力 / 246

　中小型企业瞄准的市场过大容易导致破产 / 249

6 专注于某个特定领域是中小型企业的生存之道 / 250

　集中经营资源大力度投入 / 250

　大企业也需要丢掉面子包袱的时代已经来临 / 253

...目　录...

　　今后的时代中小型企业要专注于"割据战" / 255

7 针对盈利部门加大经营资源的投入力度 / 256

　　经营者要果断淘汰亏损部门 / 256

　　寻找"灰姑娘产品" / 259

8 考量的重心要从"自身利益"转移到"顾客"上 / 261

　　顺应顾客的需求提高工作效率和服务质量 / 261

　　企业的生命线掌握在顾客手中 / 265

9 经营是对人类的爱和贡献 / 268

　　丢掉"以自身利益为中心"的思维模式 / 268

　　经营者要谦虚的反省和思考 / 269

后记 / 271

...从人类学角度看经营...

第一部　从人类学角度看经营

第一章　生意兴隆的秘诀
　　　　——何谓感动顾客的服务

1 "感动顾客的服务"能促进企业成长

2 不能苟同的企业内部原因

3 站在顾客的立场上思考

4 充满热情才能感动他人

5 客观地审视自己

6 没有回头客，连维持现状都不容易

7 在企业经营上如何看待"反省"与
　 "生意兴隆"之间的关系

... 从人类学角度看经营 ...

生意兴隆的秘诀
——何谓感动顾客的服务

1 "感动顾客的服务"能促进企业成长

本章以"生意兴隆的秘诀"为题,如果只能列举其中一项,那便是"感动人心"。

要让生意兴隆并从中获得利益最大化,那么,能提供感动人心的服务尤为重要。不论任何行业、领域,不论身为社长还是基层员工,抑或是兼职雇员,这必定是一条放之四海皆准的秘诀。

归根结底,就是"感动"二字。要通过你的语言、态度,通过你所提供的商品、服务,通过方方面面的工作去感动对方。

如果有人能够坚持做到这一点，那么，他在任何行业或者岗位上都能切实地做到立足本职岗位，积极地对待工作。

而能为许许多多的人们带去感动的社长，其麾下的员工也会受到社长的影响团结一心，为顾客提供优质的服务，从而促进企业发展壮大。

因此，"感动"是能让事业在成功的道路上不断前行的推助力。

2 不能苟同的企业内部原因

教条主义的弊害

那么，如何才能感动顾客呢？

试着站在顾客的立场上想一想，什么样的企业、什么

... 从人类学角度看经营 ...

样的言行可能会令人生厌？

想必一定是那种满口"内部原因"的企业首当其冲。

这些企业总是用"按照本公司规定"、"本公司产品一贯如此"、"本公司所提供的服务仅限以下内容"等，来搪塞顾客提出的要求和投诉。

另外，一味的墨守成规，不管遇到什么情况，员工只知道按照公司规定的条款来工作及处理问题的话，是无法令顾客满意的。

比如在炎炎夏日，客人擦着汗走进咖啡厅，而服务员却只会照本宣科服务流程上的用语："请问您要热饮还是冷饮，热饮有咖啡、红茶和……"，这岂不是太煞风景了吗？

在遇到这种情况的时候，应该立即察觉到客人的需要，并主动推荐有哪些冷饮才对。

教条主义式的服务强调的是"公司"而非"顾客"，这是断断无法感动顾客的。

经营入门

企业的方针和流程等，是为了确保一定的工作质量，让每个人的工作质量都在平均值以上，但仅此还无法达到感动顾客的水平。

小不同，大差距

能够灵活机动地运用公司规定的人，即便他仅是一名兼职员工，也能为顾客带去感动。而能够体察到对方的心情和想法，并且判断出他此刻的需求，则就是感动顾客的方法。一定要不惜力量、智慧或者语言去做到这一点。

比如不断扩张的连锁便利店，表面上看每家都差不多，采用相似的经营模式，销售相似的商品，但实际上业绩却各有不同。

而造成这种差距的原因，往往都藏于细节之中。

举个例子，有的便利店会对早上来店的顾客说一声"请您慢走，路上小心"，到了傍晚则会用"欢迎您回来"

...从人类学角度看经营...

迎接顾客。

如此一来,顾客来店时的心情便跟去其他便利店完全不一样,从而变成回头客。店员的一句"路上小心",会让顾客有种仿佛是走出家门一样的感觉,而那句"您回来了",则令人萌生出一种回家的踏实感。

这就是一个通过语言来感动顾客的例子。

另外,在恰当的时刻,及时提供对方需要的东西,同样能够感动对方。

比方说,下雨天出租车司机在乘客下车时主动递上一把雨伞,乘客一定会感到这位司机的服务真好。不能等到乘客来问有没有伞,那就错过了最佳时机。

所以,要做到站在对方的立场上去考虑问题,才是感动对方的重点。

3 站在顾客的立场上思考

从"顾客至上"中谈一谈提供服务者的正确做法

在"感动人心"方面我们常常会犯一个错误。虽然每个企业都推崇"顾客至上",把"顾客是上帝""把顾客放在首位"等挂在嘴边,然而实际行动中却常出现一种误区。

这就是一边说着"顾客至上",一边把自己的想法和做法强加到顾客身上。

公司总部之类的非一线部门,想当然的把自己认为对的、好的想法强加给顾客,还认为自己是"为顾客着想"。

实际上,正确的做法不是"为了顾客",而是"站在顾客的立场上"去考虑问题。

因为"为了顾客"这种想法中,植入的是提供服务和销售方的理论。

比如生产电视机的家电制造商,嘴上说着"为顾客生

...从人类学角度看经营...

产优质的电视机"很简单，倘若问他"电视机是否是站在顾客的立场上生产出来的"，答案就未必一样了吧。

在液晶电视等轻薄型商品上市之前，电视机是又厚又重很占空间的家电。一旦坏了，就连如何处理掉都是个大难题，搬运起来又很费劲。或许，当时制造商单纯地认为"只要生产出画面清晰的电视机就行了"，却没有考虑到顾客的实际需求。

卖菜的摊贩也是一样，以为自己是"为顾客准备了品种丰富的新鲜蔬菜"，而实际上他卖的不过是自己认为好的蔬菜罢了。

也就是说，我们常常挂在嘴边的"为顾客着想"，却总是不自觉地把自己的想法强加给了顾客。

不要被"顾客至上"蒙蔽，也不要让它骗了自己，必须切实地立足于顾客的角度去审视问题。

经营入门

感动人心的服务，来源于每个员工的主观能动性

下面，我们来进一步探讨教条主义的弊害。

制定规章制度，是为了使工作标准化，而职场上也确实存在着很多背负教条主义的人。但是，墨守成规并不足以向顾客提供细致周到、令人感动的服务。唯有提高服务意识，让每个员工都能发挥主观能动性，主动地为顾客提供服务才能达到。

从一句温暖的话，或是工作态度上的某一点开始改善，提高自身的服务意识，让你的工作充满感动人心的力量，这是尤为重要的。要时刻用语言和态度表现出"把顾客放在第一位"，这样做会让你在任何行业都能游刃有余。

反过来说，倘若忽视了这一点，凡事不以顾客为先，则很容易陷入追求合理主义或单纯追求业绩的误区。

任何企业都有可能犯这种错误，甚至在企业的起步阶段就埋下了错误的种子。

... 从人类学角度看经营 ...

因为很多企业喜欢自己评价自己，满口"我们是这么想的，这么做的，取得了这样的业绩"，自以为是，故步自封，根本就不了解顾客的实际需求和第一线的情况。

虽然在创办企业、扩大企业规模的时期，端正思想、制定方针和标准化工作流程，并让员工熟知和掌握是非常重要的。但是，唯有让工作和服务水平都达到"感动人心"的程度，才能使工作表现和服务质量更胜一筹，成为行业的翘楚，在竞争中立于不败之地。而能否"感动顾客"，则取决于每个员工的主观能动性。

4 充满热情才能感动他人

热情来自于为世间做贡献的使命感

要想感动别人，必须满足一个条件，那便是我们常说的"热情"二字。

不管是社长、部长、科长，还是普通员工，不论是什么企业，缺乏热情便不能感动人。

比如，在热情洋溢的部长麾下工作，属下们也一定会受到感染。

而热情来源于对工作的热爱。不热爱本职工作则无法激发出工作热情，越是热爱工作的人热情越高涨。所以说，能从事自己热爱的工作，是人生的一大幸事。

因为热爱，所以热情。因此，要全心全意地投入到工作中去，让任何一种工作都成为自己热爱的事业。

每个人都喜欢有趣的工作，可我们不能指望有趣的工作会从天而降，应该主动出击，让本职工作变得有趣起来。

这就需要对工作拥有一种使命感。要有通过本职工作来回报社会的觉悟。

只要充满热情，任何工作都是神圣的

作为我个人而言，认为宗教家这个职业最神圣。其实，工作不分高低贵贱，像从事飞行员等其他工作的，同样会受人尊敬。

虽然日本不会这么做，但在国外，当飞机安全降落时，乘客们都会鼓掌致意。

"安全起飞、安全降落"本来就是飞行员的本职工作，而乘客们却为了这件"分内事"花费了上千上万元购买机票，更把性命托付给了飞行员，这远比机票要贵重得多。

一旦飞机坠毁，乘客的生命也将就此终结，所以安全

经营入门

着陆时鼓掌致意也是可以理解的。

所以说，只要将热情投入到工作中去，不管是飞行员、空乘，还是便利店店员、面店服务员等，都将会是神圣的工作。

5 客观地审视自己

你是否用主观意识左右经营策略？

有的面店老板会这样交代员工："但凡有客人打电话来催外卖，就说'已经送出去了'。"明明还没做好却敷衍客人，这样的情况持续下去，面店离关门大吉也就不远了。毕竟客人不可能一而再、再而三地上当受骗。如此商家，完全没有把顾客放在首位。

我本人也曾有过类似的经历。

... 从人类学角度看经营 ...

当时，我们夫妇二人去伊势旅行，来到车站附近一家伊势龙虾料理店吃饭。餐点种类非常丰富，可没等我们坐稳，服务员却指着菜单说："由于现在是用餐高峰，只能供应这几种。"我们只好从服务员指定的种类中点了菜，可足足等了45分钟菜还没上来。

在大大限定了可供选择菜品的同时仍然不能及时上菜，是因为来店的顾客人数超过了店家的接待能力。恐怕老板是按照店里最闲时候的标准雇佣员工的，所以才导致一旦忙起来人手根本不够用。

最终，因为等得实在太久了，我们离开了那家店，买了便当上了车，白白浪费了时间。

我想，那家店根本没有在诚信经营。企图雇最少的员工接待最多的客人，哪怕超出了实际接待能力，真是贪心不足蛇吞象。

当我们询问"还要多久""后厨忙得过来吗"的时候，

经营入门

服务员一边应付着"不知道,应该快了",一边又不断请客人进来。忙不过来就应该采取相应的措施才对。

虽然店外张贴着很多略显夸大的宣传语,但不得不说,这家店对员工的培训进行得太不彻底了。如果宣传和实际情况相差太远,那骗得了客人一次也骗不了第二次,更拉不来回头客。

正所谓商场如战场,容不得半点马虎哇。

那家店暂时的生意兴隆,不过是借了所处位置的优势罢了。

缺乏客观视角的人迟早被淘汰

我住在东京的港区,这附近地价贵房租高,做生意实为不易,有时一年之中同一家商铺能换两三茬主人。此时,如何抓住顾客的心便成为重中之重。然而,站在对方的立场上考虑问题却不是那么容易学会的。

... 从人类学角度看经营 ...

在这一点上，无论是比萨店、面包店之类的饮食店，还是演员、艺人、歌手都是一样的。只知道用主观视角看待问题的人，迟早是要被淘汰的。

艺人也是如此，越是有实力的艺人，越能够正确的认识到电视机前的观众们对自己的综合评价。电视上有时会播出根据观众票选评比艺人人气的节目，能够大概把握到观众对自己的评价，知名度和好感度高的艺人，往往都能够成为知名的艺人、主持人或歌手。

大多数人并不具备这种能力，陷入自我陶醉中不可自拔。然而能否抓住顾客的心，正是取决于能不能站在顾客的角度上审视自己。

如果有朝一日，"怎样抓住众人的心"被当成一门学问传授于人的话，那将是一件跨时代的事情。只是如今尚没有人能传授这门课，所以它还没有成为一门学问。

而即便是有人传授，想必要彻底掌握也并非易事。毕

——— 经营入门 ———

竟企业也好餐饮店也好，实际情况各有不同，不能一概而论，笼统地去教反而更容易偏离重点。

客观审视，才能抓住顾客的心

上面说到，无论什么样的工作，都要尽可能抓住更多人的心，为顾客带去感动。

竞争激烈的行业更是如此，不能仅从自己的立场上看待问题，而是要具备客观的视角。

然而，总有一些店家习惯对顾客强调"这是我们一贯的做法"。

这样的店，你还想去第二次吗？

有一次，我和几个人一起去长崎，来到一家经营本地菜的餐厅吃饭。我们点了几个菜，吃饭的时候请服务员换碟子，没想到服务员却说："在长崎没有更换碟子的习惯，自始至终都是用一个的。"当我们问道："那这几种味道不

... 从人类学角度看经营 ...

就混到一起了吗？"结果对方的回答竟然是："混在一起又有什么关系呢？"

由于店家强调"这就是我们店的做法，这就是长崎的吃法"，我们只好一个碟子用到底，导致上一道菜的味道混到下一道菜里，味道越来越乱实在是扫兴。

既然这是当地人习惯的吃法，我们也不会对此指手画脚。但是，为不习惯当地吃法的客人更换几次碟子并不是件难事。

虽说有些非常高级的料亭会请顾客遵照惯例享用料理，可我们去的这家并不是那样的餐厅，多少尊重一下顾客的要求不可以吗？

这家店如此不懂得变通的做法，让我根本不想再去第二次，而它的做法也会导致回头客不断流失。

6 没有回头客，连维持现状都不容易

争取回头客是非常重要的事情

正如上面我们说到的，感动人心是生意兴隆的秘诀，如果要再说一条，那便是，不仅要感动顾客，还要让顾客成为不断光顾的回头客。百货公司也好，餐饮店也好，出租车公司也好，争取回头客都是非常重要的。

来光顾的总是新客人是不行的，要抓住老客人，争取新客人，并让光顾过一次的客人成为自家的粉丝，这样才能不断提高销售额，让企业发展壮大。

反过来说，倘若来过一次的客人不愿再来第二次，那会直接导致企业规模止步不前，更甚的可能还会导致破产倒闭。但总有那么些人不明白，如果没有回头客的话，无论是什么行业，可能就连维持最基本的现状都很困难。只有抓住了回头客才有可能维持现状，并在这个基础上再争

取新的客人，企业规模才能不断扩大。

那些不被顾客认可的商家，不可能长久维持现有规模。这就是严酷的现实。

7 在企业经营上如何看待"反省"与"生意兴隆"之间的关系

经营者需要不断反省

倘若回头客持续减少，生意就有可能维持不下去，所以这时必须立刻反省，思考究竟是什么原因才让回头客减少。在这一点上，无论什么行业都是一样的。

经营者需要不断地反省。深刻地思考"为什么那位客人不来了？"学会从反省中汲取智慧，促进发展。

经营入门

怎样感动顾客

- 跨越教条主义，提供细致周到的服务
- 站在对方的立场上考虑问题
- 对工作充满热情
- 站在客观角度上审视自身

⬇

养成反省的习惯，从反省中汲取智慧，促进发展。

懂得及时反省的经营者是了不起的。一般来说，高高在上、不可一世的"天狗"型经营者不在少数，要么做不到基本的反省，要么根本不愿意反省。这些经营者最习惯的就是威风八面地驱使员工做事。

因此，即便苦口婆心地规劝，他们也不会轻易去反省。因为他们习惯了高高在上，自以为是。他们总认为，"或许其他人是有了不起的地方，但是论财力还是我更厉害"。

... 从人类学角度看经营 ...

想要一朝一夕去打破这种自以为是的习惯是非常不容易的。

特别是社长一族，可以说他们是最不容易反省的"族群"。手下有十多个员工就感觉自己身份特殊，不愿意去反省。而这样是不行的。要发展，请反省。唯有做到每日三省吾身并积极改善，才能谋得发展。

养成反省的习惯才能促进发展

遇到顾客减少、接到投诉等情况，就说明工作中存在着有待改善的问题，这时便需要及时反省。

不能把问题统统推到员工身上，认为都是因为员工蠢笨才导致客人不来了，身为最高责任人应首当其冲进行自我反省。

最高责任人如果能养成时刻反省的习惯以及积极改善的姿态，就不会有顾客减少的情况发生。反之，倘若自认

经营入门

为"我乃是拥有 30 个员工的社长"而自以为是,把工作全推给员工,则容易陷入顾客不断减少,甚至倒闭的境遇里。

拥有时刻反省的习惯是很重要的,同时也要学会如何从反省中谋求发展。"从反省中谋求发展"是指:经历失败或挫折时,通过反省,认真查找问题的所在,从而使之成为通向成功的助力。

在企业经营中也是如此。反省,实际上与"发展之法"是紧密相连的。

以上讲述了"生意兴隆的秘诀",希望能为各位经营者带来帮助。

第一部　从人类学角度看经营

第二章　如何成为"帅才"
——充分发挥天命所授的人才论

1 "为世间、为人类做贡献"的心愿是人的天性

2 报酬与能够胜任工作的人类智慧是对等的

3 越忠于天命，越能充分发挥自己的才能

4 经营者要善于分清工作的重要性

5 培养帅才气度的人际关系论

6 成为"有用"而非"有能"的人

7 如何借助他人的力量是发展事业的秘诀

8 管理能力的基础是知人善用

9 "人心"决定未来的时代趋势

10 "工作"与"爱"存在于同一个次元

11 把握重要的部分，去除多余的部分

12 从容不迫，让整体收益最大化

... 从人类学角度看经营 ...

如何成为"帅才"

——充分发挥天命所授的人才论

1 "为世间、为人类做贡献"的心愿是人的天性

何谓工作的本质

我写过一本以"人才论"为中心的《工作与爱》。本章边介绍该书的内容,边来谈一谈有关经济和经营的主体——人才的问题。

正如《工作与爱》的副标题"成为超级精英的条件"所述,本书主要面向身在具有一定规模的企业就职的二三十岁年轻精英,以及立志成为精英的人。所以从经营者的视角看,下面谈到的内容或许会有些标新立异的地

经营入门

方,以向经营者提供参考为目的进行阐述。

首先,在《工作与爱》的第 1 章"工作的本质"中谈到,**"想去工作的愿望是人的天性。这并非后天形成的,而是人们与生俱来的天性。"** 希望大家能充分理解这一点。

人并非是为了玩乐而降生于世间的。如果有哪个民族抱有这一观点的话,那么那个民族离灭亡也不远了。

因为人们是为了工作才来到这个世界上。

而且,工作是"为世间、为人类做贡献"、"希望成为有用的人",这是人的天性,也是首当其冲必须该知晓的事情。

人们为了什么而工作

不明白究竟是为了什么而工作的人,会把工作的目的加诸到别人身上,并会误以为工作是为了妻儿老小,或者"父母老师是这么教的"而不得不去工作。但是,这些把

... 从人类学角度看经营 ...

工作当成义务的人是缺乏主体性的,当然,他们也无法从工作中获得真正的成就感。

实际上,工作的出发点应该是"认识到工作是人的天性,是与生俱来的本质"。工作可以成就人,希望大家明白这一点。

动物为了生存去找吃的,填饱肚子便停止。但人类不仅限于此。

如果人类只是满足于"够当天吃的就好",那又与动物有什么区别呢?人类应该要有更高层次的追求,有"希望为世间、为人类做出贡献"的本性。这才是人与动物最本质的区别所在。所以说,工作是人的天性,是与生俱来的本质。

动物是不会有"为世间、为人类做贡献"的想法的,它们只求自己能生存下去,能吃饱肚子就行了,用"本能"来形容它们或许更贴切。动物仅凭本能来判断,然而人类却有更高层次的追求。

所以，那些只满足于当天吃饱穿暖、得过且过的人，可以说根本没必要降生人世。

希望大家不是为了妻儿老小或是别人怎么说而不情不愿地工作，应该胸怀"生来就是为了工作"的使命感去工作。

有句话叫作"工作是为了让身边的人更轻松"，在此之上更有必要认识到，工作是为了世间、为了人类，我们是为了工作而降生的。

2 报酬与能够胜任工作的人类智慧是对等的

第1章说到，"**出色地完成工作，必能获得公正的评价**""**付出多少努力必能收获多少报酬**"。

或许，没有报酬的工作看上去比有报酬的工作更了不

... 从人类学角度看经营 ...

起。特别是拥有宗教式思维的人，可能会认为没有报酬的工作更崇高。但毕竟世人并非都是佛门中人，因此报酬仍然是很重要的。

出色地完成工作，便能获得相应的报酬和喜悦，这是人类的智慧、文明的智慧，是让人们能够持续不断工作下去的缘由。这是件非常好的事情。

但我认为，喜悦不应单纯的只来自于报酬，而是应当认识到，得到了报酬就更应该认真严谨地工作。无所谓有没有报酬的工作，相应的也缺失了工作的严格性。

对于那些来工作却不计报酬的人，即使他们做得不好，我们也会因为没有支付其酬劳而不好说他们什么。就像有句话说的那样："没有比免费更昂贵的东西了"。没有报酬便难以达成尽善尽美的工作。

要知道，获得报酬是件令人高兴的事，但与此同时，就更要严谨认真地对待工作。

──────── 经营入门 ────────

　　这不仅适用于盈利性的企业，工作与报酬的关系同样适用于公益性的组织。

　　比如有的公益组织举办活动时会征收参与费用，可能有的人会认为，既然是公益活动就应该全部免费。但是，与收取费用相对应的，是严格的工作要求。

　　愿意花钱来参加活动的人，如果活动办的不好就不会再来第二次。而免费的活动即便内容不尽人意，或许也能吸引一些有空的人前来参加，但一旦变成收费活动，那么倘若活动值不回票价便不会再有人愿意来了。因为，人们不会为不值得的东西花费金钱。

　　因此，即使是公益组织，为了让活动达到理想中的效果，也会通过收费来运用这条经济法则。

　　"收取金钱"既不丑陋也并非商业行为，只是为了达到与收取金额同等的效果。对于自己，也算是一项严格的锻炼和修行。

... 从人类学角度看经营 ...

在这一点上,兴趣有别于工作。工作因为报酬而要求严格,因为人们不会在不必要的东西上浪费金钱,所以收费并非一定是坏事。

说到底,工作为什么要伴随着报酬呢?这是因为,工作原本就是有用的活动。正因为工作是为了满足人们的需求,所以才能获得报酬。

3 越忠于天命,越能充分发挥自己的才能

■ **做到为工作竭尽全力的第一种方法:参透天命**

客观发掘自身的能力与天赋

第一章讲到了**做到为工作竭尽全力的三种方法**。

通过工作获得报酬的前提是认识到"应该尽最大的努

经营入门

力去完成工作"。工作,是值得尽最大努力去做的。因而能够获得相应的报酬并从中收获喜悦。

做到为工作竭尽全力的第一种方法是:**参透天命**。

认真仔细地想一想,这其实是一件非常严肃的事情。或许,大家并不想知道自己的天命是什么。所以我更要说:请认识到自己的天命所在。

认识到的天命,既是能为工作拼上性命的方法,也是一种自我觉悟。通过工作,能够探知到本我的所在。

也就是说,要认知本我。工作的世界中有他人存在,从中去认识自己应当完成的工作和肩负的责任是什么。要自己去探寻天命。

探寻天命很难,需要客观地发现自己的能力、才能和与生俱来的运势等。

但是,再难也不能放弃。从客观的角度去审视自己,才能在一定程度上认识到自己的能力、才能和天赋等性格

... 从人类学角度看经营 ...

特点。

如果做不到这一点就应该付出相应的努力，不努力便只能听天由命。这是残酷的事实。

身为经营者，应当善反省、知天命

作为经营者，一定要清楚自己的能力范围。

正所谓高处不胜寒。关于企业的发展，我常讲到，**社长的能力会制约企业的发展**。虽然决定企业发展的因素有很多，但我们必须要知道，社长的能力一旦达到极限，企业则无法进一步地发展下去。

当企业发展停滞不前时，经营者就很容易陷入一种误区，认为原因在于"经济不景气"、"员工素质不高"、"这一次推出的新商品没有找准市场需求"、"同行业其他企业产品的热销导致本社商品滞销"、"市场已濒临饱和"等等。

但是，不能从这些上面找原因。

经营入门

经营者应当从自身能力有限，以及努力程度不够上寻找原因，必须进行自我反省。当然，或许也有其他原因，但从其他方面找原因无益于自身的发展。

身为企业高层，必须认识到出现问题是自己的责任。

所谓高层，放在小型企业上是指经营者，大型企业则是部门领导或厂长一级。

身在这一级职位的领导们必须明白：企业能否发展，取决于高层的想法和能力。只有高层突破了能力的局限，企业才能不断发展壮大。

所以说，再难也要去探寻自己的天命。知晓并接受自己天命的下一步，就是要认真思考如何做到人尽其用。

认真审视自己，你是属于"凿子"型人才，"枪"型人才，还是"锯"型人才？

"锯"型人才追求的是最适合自己的工作，而对于"凿子"型人才来说，从事一份像用凿子凿出一条细长笔直的

...从人类学角度看经营...

洞一样的工作或许只是选择之一。

我们应该像这样去认真地发掘自己的潜力。

真正的喜悦并不在于所有的人都从事相同的工作，也不在于干任何事情所有人都要站在同一立场上。唯有每个人都能将天命发挥到极致，才称得上是真正的喜悦。

铁锤有铁锤的成就感，它的成就感来自于把钉子深深钉进去的那一刻，而不是硬拿铁锤当枪使。

所以，我们要去寻找属于自己的成就感。有的人能在从事经营者的工作中获得成就感，而有些人的成就感则来自于能在辅助型职位上充分发挥自身的能力。

虽然成不了一把手，但能胜任参谋或辅助型职位，那么这就是他的天命，在他的舞台上将能力发挥到极致就好。即便是副职，能当上大型企业的副职领导也是很了不起的，这也是一种成功。

所以说，认识到自己的责任是非常重要的。这不能叫做知足常乐，而是认识到自己的天命，并充分发挥、发展下去的思维模式。

相反的，在不适合自己的舞台上再怎么努力，从某种意义上来说，只会起到反作用。比如生来应当成为宗教家的人，在其他领域再怎么奋斗，恐怕也难成大器。

每个人都有属于自己的天命。遵从天命才能实现最棒的自己。与天命相悖，再怎么努力也是徒劳无功的。

总结起来说，遵从天命、去实现真正的成功，是做到为工作竭尽全力的第一种方法。

■ 做到为工作竭尽全力的第二种方法：热忱

热忱之剑所向披靡

做到为工作竭尽全力的第二种方法就是**热忱**。

... 从人类学角度看经营 ...

陶土和釉水再好，器形做得再规整，如果窑炉的火候不到位，那也烧不出好的陶器。对待工作也是如此，热忱度是非常重要的。很多人对此都存在误解。

不成功的人总能列举出一大堆的理由，什么"出身不好""没赶上好时代""没钱""没好好念书""交友不慎"等等，当然，这些理由或许确实客观存在。

但是，说到底还是在于"热忱"二字。没有成功，说明没有胸怀足够的热忱。绝大多数人都是败在这上面的。

明明从事了天命所归的工作却没有成功，是因为你缺乏热忱。既然是自己很喜欢的工作，又能立志为此终其一生，那么必须燃起足够的热忱才行。

能力或身体上多少会有些欠缺，但这些都是能用热忱来补足的，在热忱面前，年龄并不是问题。

达不到成功的高度主要是因为热忱不够。不论怎么为失败找借口也找不出第二个理由。

经营入门

在学习上也是一样。上学的时候如果没能好好念书,那么哪怕现在后悔也于事无补了,唯有今后用足够的热忱去努力弥补。

大学一般是四年制,然而四年里从始至终好好学习的学生寥寥无几,大多数并没有在认真念书。那么踏入社会后的五年、十年里用刻苦学习去弥补大学时代的不够用功就是了。

不要总是把懊悔没好好念书挂在嘴上,去不去尽力弥补全在个人。道理就是这么简单。

把对现状的不满意归咎在过去的人是成不了大器的,正因为过去不尽人意才更要打起十二分精神去努力改变现状,不能光找借口。

热忱真的很重要。我在《工作与爱》里引用了释迦牟尼、耶稣、孔子、苏格拉底四位圣人的例子,他们所从事的工作,不是单凭聪明就能胜任的。

... 从人类学角度看经营 ...

救世的事业都是这样。再聪明的人，少了热忱也成不了事。热忱是鼓舞人的力量。

这点上师徒都是一样。弟子的热忱度，决定了能否弘法于天下。

若弟子带着"渴望被尊敬"的态度不择手段地来工作，是不能广泛弘法传道的。相反，若带着强烈的"拯救世人"之心去传道，则一定能弘法于众人。

所以说热忱是非常重要的，它能够弥补头脑和体力上的不足。

■ 做到为工作竭尽全力的第三种方法：感恩之心

热忱来自信仰心和感恩之心

第三种方法拥有**感恩之心**也是很重要的。

经营入门

　　信仰心是热忱的根源。换句话说，是一种对于崇高之物的感谢之情。它是激发热忱的源泉。

　　光考虑自身的人，是不管别人怎么鼓励"拿出热忱来"都无济于事的。

　　只要求达到肉身上需求的人，他们的满足度大多仅限于身边人的肯定上，只要丈夫、妻子、孩子、父母、亲戚、朋友们说一句"真不错"就行了，很容易满足。

　　但是，如果真心希望为社会、为人类、为这个时代做贡献，为世间出一份力，那么，努力是没有界限的。

　　能够付出这份努力的热忱，来自于信仰心，或者说是来自于感恩之心的。

　　当自己已经走在了成功的道路上，也要谦虚地认为成功不是因为自己能力非凡，纯粹属于运气好，然后再坚持不懈地为天命所授的工作而努力才成就的。

4 经营者要善于分清工作的重要性

分不清"大、中、小"三个理念的经营者不够格

《工作与爱》的第 2 章是"工作方法",阐述了怎样对待值得竭尽全力的工作。

首先,此章节写到,**"工作分为大、中、小三个理念"的中心概念。**

"大"是指企业的根本方针,"中"是指所属部门的职能范围,"小"是指自己的工作内容。

分不清"大、中、小"的人,是没有工作能力的人。这样的人应该比比皆是。

在自己所负责的工作中哪些是"大",哪些是"中",哪些是"小",搞不清楚这些的人是不配担任经营者的。

而将"大、中、小"本末倒置的人只配在别人麾下工作,即便是当上了领导,也只会做出完全相反的决策。实

经营入门

际上这样的例子不胜枚举。

这样的人中，一部分是确实没有工作能力的，而另一部分则是因为恃才傲物而分不清"大、中、小"。

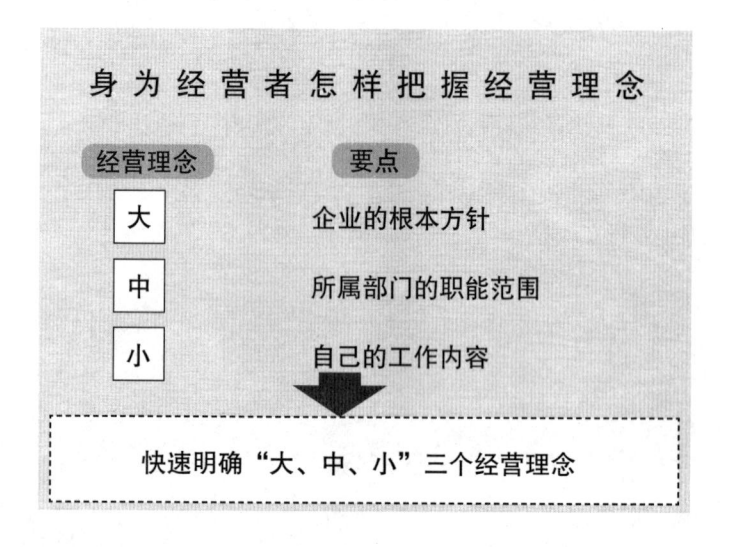

身为经营者怎样把握经营理念

经营理念	要点
大	企业的根本方针
中	所属部门的职能范围
小	自己的工作内容

↓

快速明确"大、中、小"三个经营理念

恃才傲物的人陶醉于自己的技术或能力上，只考虑自己的意愿，以至于分不清"大、中、小"三个经营理念。

我曾经看过一个叫作"现代的名匠们"的节目，其中介绍到一名技艺精湛却无法与人协作的木工师傅。由于他

... 从人类学角度看经营 ...

信不过别人的手艺，只能一个人埋头干活。

他亲手打造的住宅确实非常漂亮，可盖一栋房子要花费6年的时间。其结果，他本人倒是很有成就感，可是没等他盖完，房子的主人就已经不在人世了。

没住上新房子就去世了实在是憾事。我想，这样的木工师傅还是比较适合一个人慢工出细活地雕刻个观音像什么的吧。

所以，必须要分清工作上的大、中、小。不管看得上看不上别人的工作，毕竟有些工作缺了自己不行，而有些未必如此。毕竟工作是由多个环节组成的。

分不清这三个经营理念，就称不上是合格的经营者，最多是持有专业技能的人士。

同时，这三个理念不仅对经营者，对企业中的其他领导或年轻的职场精英同样重要。

所以分不清这三个理念的人，基本上就与出人头地无

经营入门

缘了。

倾向从琐碎工作着手的人成不了经营者

其次,作为工作方法论,第 2 章阐述了"**分清工作的轻重缓急**",这与区分"大、中、小"是一样的。

没能力、做不好工作的人有一个特点,他们大多喜欢把重要的工作放到一边,先从琐碎的工作开始做起。

拿女性举个例子。假如所有的女性都是职业女性,那么成功者大约只有十分之一。

这是因为女性更倾向于先从琐碎的工作着手。因为她们往往被烦琐的事情或周围的情况影响,难以单刀直入地切入重点。

人们常说,在初来乍到的地方最好不要找女性问路,因为常常会发生打听来打听去,结果彻底不知道该往哪儿走的事情。

... 从人类学角度看经营 ...

向男性问路时,他们会明确地告诉你重点,比如"在第一个路口拐弯,向前走多少米就到了"。而女性则会附加上很多周边信息,比如"那里有个邮筒,有棵树,有家○○的店,然后……"会让人越听越糊涂。

很遗憾,这就是为什么职业女性很难获得晋升的原因。但是从某种意义上来说,心思细腻也是女性的优点。

能够胜任经营者并在竞争中生存下来的女性,原则上只有一种:女中豪杰型。而获得成功的几乎全是女中豪杰。

除此之外的人,还是充分做好身为女性的本分吧。虽说也有女性晋升到了管理层,但一般来说,都不是能够胜任指挥众多部下的经营者角色的。

在历史上,至今还没有出现以女性为主宰的时代。否则女性不生育而去做领袖,人类不就灭亡了吗。

―――― 经营入门 ――――

5 培养帅才气度的人际关系论

企业的人际关系分为四个象限

同时，第 2 章面向所有的企业经营者以及未来的职场精英人士阐述了"人际关系的建立和改善"。

请看第 49 页图。纵轴和横轴交叉的中心点代表现在的自己。横轴以上代表自己的上司或前辈，以下代表部下或后辈。纵轴以右代表能力强于自己的人，以左代表能力弱于自己的人。

如此，横纵两轴划分了四个象限，分别代表了企业中的四类人。

第一象限代表地位高于自己、能力也高于自己的人。

第二象限代表地位高于自己、但能力低于自己的人。

第三象限代表地位低于自己、能力也低于自己的人。

第四象限代表地位低于自己、但能力高于自己的人。

... 从人类学角度看经营 ...

这样一来与你共事的人们都有了相应的分类。

以自己为中心点划分的四种人际关系

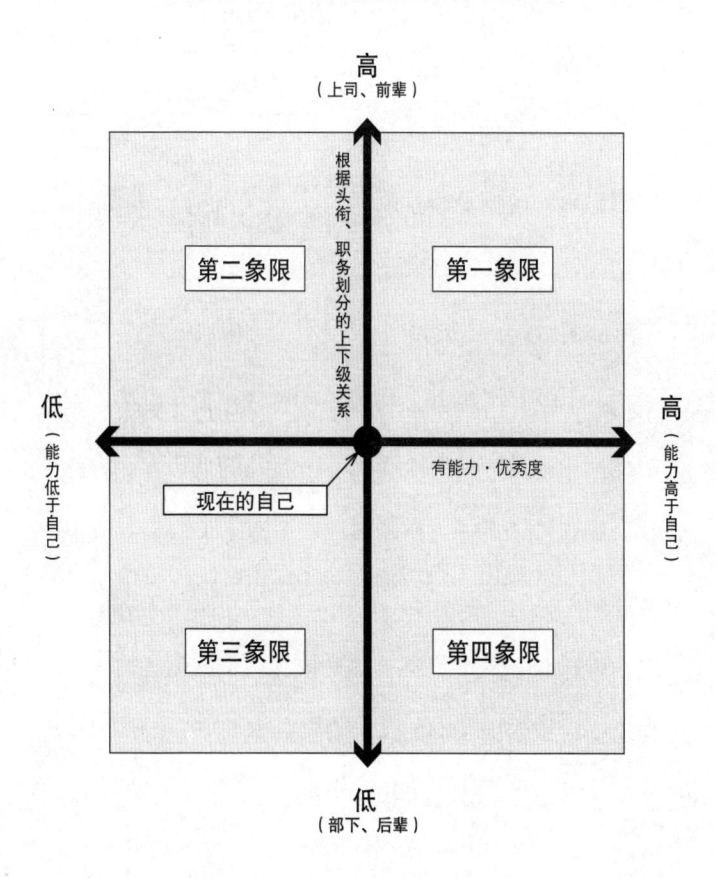

高
（上司、前辈）

根据头衔、职务划分的上下级关系

第二象限

第一象限

低（能力低于自己）

高（能力高于自己）

现在的自己

有能力·优秀度

第三象限

第四象限

低
（部下、后辈）

49

（1）让"第一象限"的人肯定自己的工作

第一象限代表的是地位高于自己、能力也高于自己的人。实际上，对你的晋升起到关键性作用的，正是第一象限的人。要知道若不能被他们关注，想要升迁几乎是不可能的。

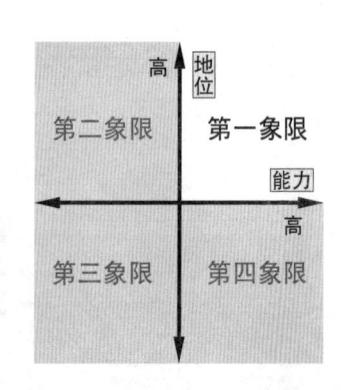

因为若是被无能的上司关注，对自我提升也起不到太大的作用。但是，如果能受到能力超凡的上司肯定，就等于一只脚迈进了升迁之路。所以，要尽力争取第一象限的人的肯定。

意外的是，这个事实很容易被忽略，甚至有的人会因为自己受后辈们的欢迎而认为自己一定能升职加薪。这种想法仅适用于黑社会。

在那个重视义气人情的世界里，善于关照后辈的人的确容易升迁，但企业却并非如此。因为在人事任用上最有发言权的就是位于第一象限的人。

（2）适当提防"第二象限"的人

对于商界精英来说，第二象限的人是最危险的。因为他们年长又是上司，能力却不高。正是他们制约了有能力的人。

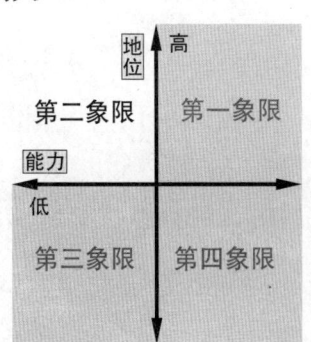

一旦行为过激得罪了他们，除非能冲破阻碍一跃成为他们的上司，否则升迁之路就会断送在他们手中。由于能力过高而得不到重用的人，往往都是被第二象限的人中伤所害。

如果前面尽是能力远远高于后辈的前辈们，他们会任

经营入门

人唯贤，能力越高也越能得到重用。但是，倘若上面没有贤能的领导而自己又异常杰出，那么，没有相当的手腕是无法在职场上生存下去的。

唯有成为企业不可或缺的人才能站稳脚跟，否则永远都逃脱不了因第二象限的人中伤而惨遭淘汰的命运。

所以，虽然没有必要去争取第二象限的人的肯定，但要谨防成为他们谗言和中伤的对象。为此需要适当的提防心。因为他们对能力高的后辈怀有戒心，要谨言慎行，不要得罪他们。

比如，权当是"缴税"，多少参加一些对自己毫无意义的活动，为"旧法陈规"适当贡献一些时间。这是无可避免的事情。

公司有很多诸如科室或部门的旅游、年会等活动，就算感觉没意思，也要勉为其难地参加一两项。

除此之外，还要懂得察言观色。如果是连给上司斟酒

...从人类学角度看经营...

都不懂的人，就难逃被淘汰的命运。

向第一象限的人靠拢是职场根本，而为了不被第二象限的人阻碍，为了人际关系融洽，多少要为"缴税"做出些努力。

做不到这一点的人将偏离升迁之路，单凭头脑聪明是成不了事的，最终将会被打入冷宫。在调查部门等职位上一生碌碌无为。

像这种因过于聪明而得不到晋升的人，在贸易公司等企业比比皆是。处理不好人际关系的人，等待他的就只有被打入冷宫这一条路可选。

（3）关照"第三象限"的人

第三象限是地位低于自己、能力也低于自己的人。过分轻视他们必遭"报应"。

他们不认为自己的能力强过大家，只想跟随在优秀的人身后，所以要好好关照他们。要多为他们出谋划策，温和对待，也要时常为他们加油打气。

第三象限的人，会以前辈对自己大不大方作为判断标准，所以对他们不要小气。有没有请他们吃饭、喝酒，其实是很重要的事情。因为曾经发生过上司发觉第三象限的人要联合起来"造反"，企图给自己找麻烦，于是星期天请他们到家里吃了顿饭，结果此后半年都风平浪静的事情。

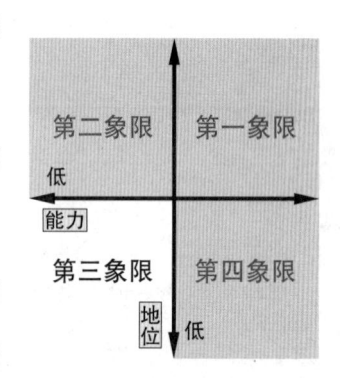

搞定这个象限的人最有效的办法就是请客。不要总是特别关照那些能力高的后辈而对没什么能力的后辈一分钱都不肯花，太过于差别对待会导致被第三象限的人拖后腿。

（4）爱惜"第四象限"的人的才华，做有德之人

领导第四象限，也就是那些有能力的后辈不是易事，很考验自己的素养。

不喜欢比自己能力高的后辈是正常的。对于一般人来说，身边有比自己晚五年、十年到公司却比自己优秀的人确实令人心里不舒服。

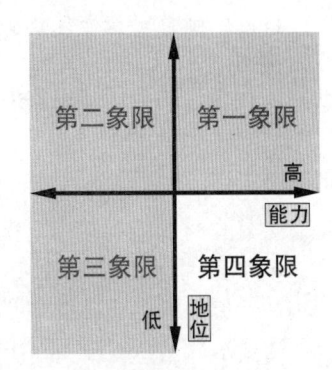

但是，能不能克服这种心理决定了你是否有能力得以晋升管理层。

如果高层只会任用那些能力低于自己的人，那企业倒闭是迟早的事。看一家企业的员工素质，若是越基层能力越低，或者越年轻能力越低，那么企业前景堪忧。

就算为了自己的退休金，让企业能够保持可持续发展是很重要的。但是，如果不懂得起用优秀的后辈，企业也

经营入门

一定得不到进一步发展。

同时，哪怕部下优秀到有可能在五年、十年后超过自己并成为自己的上司，也要果断任用他们。否则，自己的晋升之路也将终结。

虽然自身的能力在一定程度上决定了能否出色地完成工作，但是，能不能将优秀的部下招至麾下，这点也起到了关键作用。

然而任用优秀的部下是需要有相当的勇气的。一味地嫉妒优秀的部下，不但不能让部下充分发挥才能，还会彻底地埋没了他们。

所以，任用第四象限的人一定要非常爱惜他们的才能。注重这一点就一定能做到。

而且爱惜部下才华的上司会成为有德之人。自己能力有限却重用能力强的部下，那么就算自己得不到"能力高"的评价，也会被肯定为是"有德之人"。

因为，德是引领人们进步的中坚力量。

爱才并善用人才，称之为"元帅气度"

人际关系论有很多种，总的概括起来可以分为四类。

最重要的是来自第一象限的人的评价；其次，是留心第二、第三象限的人；最后是善用第四象限的人。

在《工作与爱》中谈到了**"爱才"**、**"不妒才"**，以及**"知人善用者为帅才"**。

比如，一名能够单枪匹马杀敌成百上千的猛将，若狂傲自大也无法打下江山。

而真正能够夺取天下的是懂得如何将狂傲的武将招至麾下为我所用的帅才，而不是与武将争强斗狠的元帅。

所谓才能，放在过去的战国时代中来讲，指的是擅用弓箭枪戟，脚力快、剑术强之类的能力。如果元帅嫉妒那些武功高强的将士，就无法在战斗中取得胜利。

经营入门

不要嫉妒部下的才能,要爱才惜才,要肯定部下的才能并善用人才。

广招优秀的人做部下,去完成那些自己力所不能及的大事。这就是元帅的气度。

《column》 如何磨炼自己的"元帅气度"

要将身边的人按象限分类,并分别采取恰当的方式对待。这种分类法决定了你在职场的人际关系如何发展。

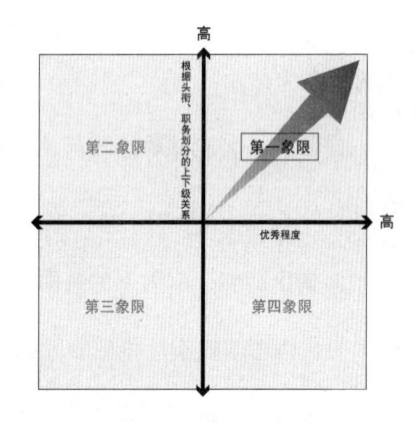

（图：纵轴"高"——根据头衔、职务划分的上下级关系;横轴"高"——优秀程度。第一象限、第二象限、第三象限、第四象限）

在努力掌握这种方法的过程中会感受到自己的位置悄然变化着,你将很快发现自己的位置由中心点呈45度角向第一象限移动。你将会到达图中最右边的最高位置。

6 成为"有用"而非"有能"的人

《工作与爱》的第 4 章讲的是"晋升的条件"。

首先，**获得晋升的第一个条件是："废寝忘食的工作"和"讨厌工作的人得不到晋升"**。事实如此。

要知道，懒惰之人成不了大器。天下没有随随便便就能成功的好事。

获得晋升的第二个条件是："成为有用之人，有益之人"。这点也是非常重要的，而大部分商务精英都往往忽视了这一点。

他们通常认为，升职加薪是因为自己的才干，或者认为只要表现出能力就能获得晋升。同时，当才华被埋没时，他们往往只会抱怨"我明明才华横溢，为什么就不能飞黄腾达呢？"

然而，希望各位明白的是，晋升的条件，是**成为有**

经营入门

用、有益之人，而非有能之人。

也就是说，不管个人能力有多高，必须成为对组织有益处的人，而组织并非是炫耀个人能力的地方。

重要的是，这个人的加入，对组织整体是否会带来正面影响，是否会带动收益，公司利润是否会有所增长。科室或部门亦是如此。重点在于一个人的加入对整个团队的影响是正面的，还是负面的。

拿棒球做例子，一支球队里如果只有一个明星球员而其他人都是庸才，并且彼此之间互拖后腿的话，是无法提高球队整体水平的。

反过来说，如果明星球员与队友通力协作，打出精彩的比赛，那么球队也会随之强大。因为明星球员的存在使得球队整体实力提高，那么，这个明星球员才会受到肯定。

不要把"一将功成万骨枯"看作是理所当然的事情，而事实上却有非常多的人抱有类似的想法。

所以，当你不明白为什么自己明明很有能力却得不到晋升，为什么过了那么久才晋升，为什么在公司遭到冷遇的时候，请认真想一想上面的话。答案就在"有用"还是"有益"之中。

7 如何借助他人的力量是发展事业的秘诀

企业高层要坚持钻研，不断突破能力局限

获得晋升的第三个条件是："借助他人的力量"。身为经营者，当然要学会知人善用。

然而知人善用并不容易做到，这需要才能、德行、素养等的综合能力，没有人能明确地教给你这些。但事业的发展需要别人的一臂之力，请记住，这是一项大前提。

同时，要学会知人善用，除了突破自己的能力局限没

经营入门

有第二条路。企业的高层必须为了突破能力的局限性而坚持不懈地钻研。

其实，社长本人参加进修远比员工进修更有效。因为不管在员工进修上投入多少经费，也无法预知员工到底能学到什么。但如果社长本人参加进修，学到的东西必然能切实发挥作用，对经营有所裨益。

职位越高，进修所得的效果就越明显。社长不能突破自己的能力极限，就无法促进企业的整体发展。

企业高层的时间管理术

另外，关于企业高层的时间管理术，可参考《且谈人生的王道》的第4章。

这本书运用意大利经济学家帕累托的"帕累托定律"阐述了如何提高时间密度的方法。

"帕累托定律"是指，"所有的事物都可按照二八比

... 从人类学角度看经营 ...

率分割，把握住最重要的 20%，也就控制了其余 80% 的部分"（该书的第 11 节也提到了帕累托定律）。

在"永远活在当下"中讲到，一个需要花费 10 小时的工作，如果做到 80% 即算完成，那就可以把所花费的时间压缩到 2 小时，而剩余部分则可以交由别人完成。

这样算来，如果花 2 小时可以完成 80% 的工作，80×5=400，也就是说 10 小时可以完成 400% 的工作，相当于将工作效率提高了 4 倍。

如此，社长用 20% 的时间完成重要的工作并将其余部分交由专务，专务按照同样的方法交由部长，部长交由科长，以此类推，将创造出无限的时间，显著提高时间密度。

每个人的一天都是 24 小时，不管能力有多强都无一例外，所以每个人所能完成的工作是有限的。

但是，如果众人协同合作，管理者亦有能力掌控的话，那么事业将无限地扩展下去。

经营入门

企业发展需善于用人

在中小型企业中，也常发生拼命工作的就只有社长一个人的情况。这时，社长一个人的体力极限自然成为了企业的发展极限，与很多非营业团体发展不起来的原因完全一致。

而与独挑大梁相对的，是善于用人。

美国有一位名叫罗伯特·舒勒的光明思想家，他在美国的西海岸建造了一座外墙全部覆盖玻璃的"水晶大教堂"，那是一座花费了近两千万美元的宏伟建筑。

罗伯特·舒勒在书中这样写道：

"为了实现自己的远大目标，我一直遵守'可以交给别人的工作决不自己来做'的原则。将可以交给别人的工作不断委派下去，只留下唯有我一个人做得来的事情。在发挥每一个人能力的同时，组织也会不断壮大。"

这种工作论同样适用所有企业和团体。

...从人类学角度看经营...

对于经营者来说，企业的发展需要这种方法论。当形成了固定的工作方法后，原本必须亲力亲为的事情就一定要逐渐交给别人去做，否则将局限了整个企业的发展。

8 管理能力的基础是知人善用

研究人类学的三种方法

另外，第3章讲到了"人类学的研究方法"。

获得晋升的第三个条件写道：**"掌握管理能力的基础是知人善用，要看清对方的优缺点，适材适用。"** 这是人类学研究中不可或缺的一部分。

那么，研究人类学的正确方法是什么？

第一，是经验。是运用经验来研究。但是，这需要花费时间。

经营入门

第二，是尽快找到人生导师。优秀的经营者或老师，都能成为你的人生导师。学习他们的判断力和洞察力，实践他们的做法，在自己的世界里活学活用。这一点很重要。

第三，是阅读。所谓知识就是力量，"预知"的力量是无穷的。

没有必要非得亲身试验是什么导致失败、什么创造成功的，要有事前把握未来走向的能力。

人们的很多做法往往是共通的，而在自己事业中发生的问题也常能找到很多类似的情况。不管在当下还是过去，已经有太多实例证明这一点。

提前把握未来走向便能迅速完成目标，反之，则要走弯路。那些只有自己经历过才能汲取经验教训的人，当然会落于人后。所以，"预知"能力是非常重要的。

...从人类学角度看经营...

最适合人类学研究的书籍

（1）《传记》——作为成功论阅读

最适合人类学研究的重要书籍中，首先要数《传记》。虽说《传记》里写的都是些过去的经验，但过去的成功者的经验完全可以当作"成功论"来参考。

（2）《历史读物》——从过去的历史中思考"自己"的人生

同样还有历史读物。我们常说历史是轮回。现代的企业竞争，从一定程度上来说相当于真正的"战争"。参考过去的战法，看义经如何迎敌、信长如何获胜、秀吉如何成功，这里面有太多值得我们拿来借鉴的经验。所以，从历史中学习是非常重要的。

试想一下，为什么明智光秀会因为反叛而被杀，而秀吉却能出人头地？

光秀是个一心彰显自己能力，甚至敢于向主君进谏的

经营入门

人，而秀吉却是极力掩盖，不让别人看出自己的能力超过了信长。秀吉清楚地知道主君信长的优点和缺点，唯恐信长滋生"这个人莫非今后要凌驾于我的头上"的想法。

所以，在攻打毛利氏时，明明只要他一人出马就足够了，却在眼看要攻破对方城池之时对信长说："我实在能力有限，还恳请主上能亲自出马。"待破城之后，秀吉便将所有功劳都归在信长身上说："胜利全仰仗主上亲自出战。"

秀吉就是这样一个能够在自己完成九成九之后，为了元帅的名誉把最后一寸胜利双手奉上的人。因此，他被称为做事滴水不漏的名人。单单这一点，光秀就没有做到。

通过这个故事，就应该明白自己应该怎么做了。

比如，当业务部长在公司里大肆宣扬"这次的成功全靠我"，即便获得众人的认同，也会让社长感到这个人尚有欠缺。作为企业，成功当然是社长的名誉，贪功只会给别人留下坏印象。

... 从人类学角度看经营 ...

营业部长应该在对成功有九成九的把握,并确定能获得社长首肯时,仍然去请示社长。当社长说一句"同意",那么成功就成了社长英明决断的成果。如此一来,荣誉是社长的,而实实在在的业绩,却是自己的。这点很重要。

从历史中能学到很多经验,已经发生过的事情,没必要再亲身经历一次。毕竟人们的很多做法都是类似的,知晓历史,就会明白自己应该怎么做。

(3)《宗教类书籍》——识人心,知人性

另外,在掌握了管理层的能力基础之上,还有必要学习被称为"万能书"的宗教类书籍。学习宗教书,有助于更清晰地看懂人心。

我已出版了1700多本有关人生论和心灵问题的书籍。

通常,要成为某个领域的专家,需要阅读上千册与该领域相关的书籍。

但是,我的书籍中往往凝结了许多精华内容,认真研

经营入门

读学习将很快成为心灵丰盈的人士。我的一本书里至少囊括了上百本优秀书籍的精华,读一百本,等于阅读了一万本普通的书籍,它们会让你更清晰地看懂人心,看透人性。从这上面来说,阅读我的书籍是很有必要的。宗教信仰可以帮助你获得成功的人生。

研究人类学的正确方法

1. 从经验中学习
2. 从人生导师身上学习
3. 通过阅读学习　①传记　②历史读物　③宗教类书籍

9 "人心"决定未来的时代趋势

第 4 章"真正的精英"以更宽广的视角阐述经营论。其中预言了**"宗教将成为时代的聚焦点"**，而这一预言正逐步被事实印证。

今后的产业和时代，都将朝着这个方向前进。以人为本、以人心为本的产业将取得长足的发展。

这并不意味着制造业将趋于没落。今后，制造业也将在销售产品的同时更注重真心和人性。也就是说，以人为本的产业将领先于市场。

单纯销售产品已经不够了，需要将服务作为附加价值融入到产品中。再进一步，不仅需要服务，更需要爱、传递爱、传递慈悲、传递助人精神。时代需要这样的企业。

缺少这些附加价值的企业，将无法在二十一世纪继续生存。

"开创企业繁荣"的要素

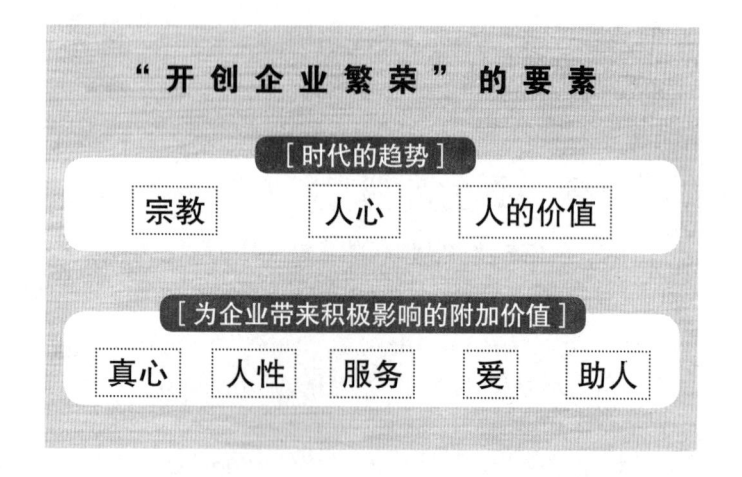

[时代的趋势]

宗教　　人心　　人的价值

[为企业带来积极影响的附加价值]

真心　人性　服务　爱　助人

10 "工作"与"爱"存在于同一个次元

第 5 章讲的是"工作与爱"。本章的内容很简单,讲的是,工作与爱常被误认为存在于不同次元,可事实并非如此。马虎大意、偷工减料的工作是夺取之爱,这背离了宗教真理。所谓优秀的工作,是指有益于人、施爱于人的工作。

... 从人类学角度看经营 ...

有些有信仰的人容易将"工作和宗教活动"、"实务和觉悟"区分对待,本章内容里讲述了拥有类似的想法是并不正确的。

11 把握重要的部分,去除多余的部分

第 7 章"合理利用时间"的重点,是本章第 7 节中提

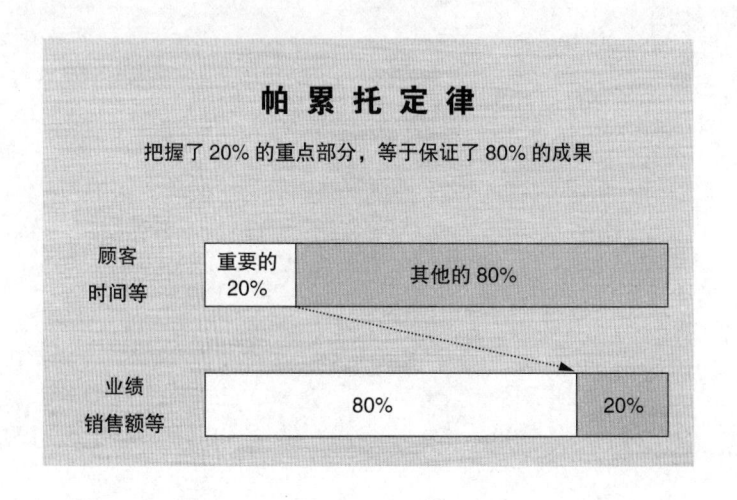

帕 累 托 定 律

把握了 20% 的重点部分,等于保证了 80% 的成果

顾客 时间等	重要的 20%	其他的 80%
业绩 销售额等	80%		20%

经营入门

到过的"**帕累托定律**",它又名"**二八定律**"。是指**任何事物的重点部分约占整体的 20%**。只要把握了 20% 的重点部分,就等于保证了 80% 的成果。

将该定律放到工作里来说,把握住工作中非常重要的 20%,就等于保证了 80% 的成果。

在经营学当中,也有与帕累托定律略有不同的"95% 原理"。

当陷入发展停滞的企业请咨询公司协助时,咨询公司通常会分析销售额。分析结果中常出现企业为仅占销售额 5% 的顾客或业务投入庞大精

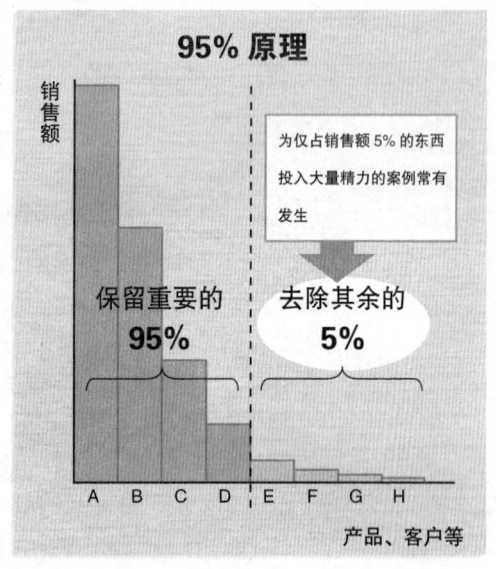

95% 原理

销售额

保留重要的 **95%**

去除其余的 **5%**

为仅占销售额 5% 的东西投入大量精力的案例常有发生

A B C D E F G H

产品、客户等

...从人类学角度看经营...

力的情况。也就是说,将大量的人力物力投入在非重点顾客身上,这5%是效率非常低的部分。

由此,咨询公司常给出的建议是,保留占销售额95%的重点部分,去除其余5%。这5%实际上是毫无意义的,只会制造赤字。这也是帕累托定律的一种。

其他,还有"ABC分析",是指将工作内容按重要度依次分类为A、B、C三种,留下重点,去除多余部分。

以上几种,都是非常值得借鉴的工作论。

12 从容不迫,让整体收益最大化

超前意识有助于提高发展速度

第9章"人生和从容"中以"龟兔赛跑"为例子。我的半自传性著书《青年时代的爱尔康大灵》的副标题是"从平凡出发",其中讲到,**要像乌龟一样坚持不懈的努力**。

但是,为了不让大家产生歧义影响工作效率,在此做个补充,**在短期内看待人生时,像兔子一样奋力前进同样是很重要的**。因为,所有人都变成乌龟型的话会导致发展速度的迟缓,因此同样需要兔子型的人才。

也就是说,乌龟型人才和兔子型人才是同等重要的。

同时,该章节讲到,**预习型人生有助于提高发展速度**。这是很难做到的一点。缺乏工作能力的人往往后知后

两 个 真 理 同 等 重 要

乌龟型人生	兔子型人生
[特征]	[特征]
● 清楚自己的平凡	● 从容不迫的预习型人生
● 孜孜不倦的坚持努力	● 预测下一步并提前采取措施
● 积累成果的人生观	● 高效率的处理事物

... 从人类学角度看经营 ...

觉，而具有超前意识但工作能力差的人是非常少的。换而言之，工作能力强的人普遍具备超前意识。

当然，也有些人虽然善于提前采取应对措施，却常常对下一步走向做出错误的判断，这只能说是直觉驽钝。一般来说，具有超前意识的人都具备优秀的工作能力。

解决烦恼的方法——预习型人生和积极的休养

从预习型人生的视角来看，身体健康很重要。

同样在第9章里，有"消除疲劳，80%的烦恼也会随之烟消云散"的内容。

实际上，职场人士的大多数烦恼都来自于疲劳，"消除疲劳，80%的烦恼也会随之烟消云散"，这句话是不争的事实。

所以，当自己陷入悲观情绪时不妨停下来，发觉出身体正在发出的疲劳信号。同时要明白，仅仅因为疲劳就让

经营入门

人生陷入悲观之中，死后是要堕入地狱的。

为了不被疲劳所累，要选择预习型人生，提前采取措施。脚步放慢一些，适当地锻炼锻炼身体。

在极度疲劳之前充分休息是不容忽视的。

有的人不顾身体的极限拼命工作，结果病倒住院反而影响了效率，得不偿失。或许是一心想表现出拼到病倒住院的精神，但是否考虑过这么做可能导致的后果呢？因此还是适当地休息比较好。

打消在身体垮掉之前不能停下来休息的念头，要明白休息是同样重要的。过度工作容易适得其反，学习过于刻苦容易造成效率低下，必须考虑到身体的承受能力。

同时，病倒的原因不仅在身体上，也在于精神压力。努力过度造成的精神压力过大不容小觑。曾经我嗓子疼到一段时间内不能说话，去国外旅行了一趟，一天就痊愈了。

嗓子疼了那么长时间，却在晒晒太阳看看海的时候痊

... 从人类学角度看经营 ...

愈了。

所以说,为了提高效率,要学会积极地休养。为了更好的完成工作,要尽量保证休息时间。否则,会导致效率低下,这一点不容忽视。

当疲劳的时候,不要不好意思向上司提出休假,因为适当的休息能让你更加精神焕发地去工作。吝啬休息时间,时间长了会造成非常负面的影响。应该着眼于综合成果的最大化。

以上,是根据我的著书《工作与爱》阐述的"为工作竭尽全力的三种方法"、"培养帅才气度的人际关系论"、"研究人类学的方法"等,以人才论为中心的内容。

《工作与爱》是一本内容非常丰富的书,除了本章介绍到的内容之外,还有很多立足多重视角的建议与建言。掌握了该书的内容,想必你一定能够获得成功。

第二部　经营者的素养

第一章　寄语小型企业社长
——提高企业最高领导人的能力和思维方式

1　探寻经营者的苦恼

2　经营者的水平决定了公司的发展

3　小型企业实行家族式经营未尝不可

4　小型企业的经营要点

5　关于利润和纳税

6　将艰难的经营决策当作禅机，磨炼坚定不移的信念

...经营者的素养...

寄语小型企业社长
——提高企业领导人的能力和思维方式

1 探寻经营者的苦恼

小企业需要全才型社长

本章阐述的是给小型企业社长的一些建议与建言。

大型企业普遍组织结构清晰、资金雄厚、人才济济,所以,只要有具备优秀管理能力的经营者都能够很好的胜任职务。

但是,对于小型企业的社长来说,光有管理能力还是不够的。小型企业的经营者更需要成为全才。

也就是精通方方面面的工作。这既是人生的价值和最

经营入门

高的成就感之一，也是一种苦涩的修行。

各位经营者，你们是否常常被胃痛、失眠所苦？这些都是经营者"特有"的痛苦。

即便是小型企业，员工们不会忧思到这种程度，苦恼的只会是满脑子"能不能发得出工资"、"公司能不能生存下去"、"公司能不能发展壮大"、"新业务能不能进展顺利"、"购置土地是不是正确的决策"、"工厂是不是运转良好"等想法的经营者。

员工无法理解社长的苦恼

被那些苦恼缠身的经营者们，常常都会去寻求信仰的力量。

但是员工没有那些烦到晚上睡不着觉的苦恼，所以也就难以理解为什么经营者会苦恼到要寻求宗教的帮助。

经营者常带着这样的不满："我已经这么烦恼了，不

...经营者的素养...

断地、不断地思考出路在哪里，寻找光明的指引，可部下们却完全没放在心上，只关心周末的安排和薪水，或者自己的工作任务。"

还有的是社长积极组织参加活动，而他的员工却满口抱怨、不满、发牢骚，让社长十分生气，又因不被理解而懊恼不已。

但是，我要对这样的社长说，你必须认识到在有数人到数百人员工的小企业里，没有能代替社长的人才。

所以，员工无法理解社长的想法和苦恼，不理解社长的做法是正常的。

------- 经营入门 -------

2 经营者的水平决定了公司的发展

经营者的个人能力制约公司的发展

在某种意义上来说,在小型企业,社长一个人决定了公司发展的百分之九十九。所以身为最高领导人,与其责怪员工工作不力,不如认真审视自己的能力和责任。

在小型企业中,问题发生的原因多数在社长一个人身上。并且,如果社长没有意识到自身的错误,则无法找到解决的方法。

所以经营者个人能力的局限性,也就制约了企业的发展。换句话说,经营者的气度决定了企业的发展。

这句话听上去很残酷,但其实也是一种幸福。正因为自己的气度决定了企业所能达到的规模,那么自己亲手创立的企业,也就可以由自己继续守护下去。

当来自社长之外的助力促使企业的发展超出了社长的

能力范围，有可能造成社长被迫下台的局面，对社长来说这是很不幸的事情。所以，如果经营者希望通过自身的力量带动企业发展壮大的话，就必须要提高自己的能力。

经营是接连不断的"发明创造"

经营者在坚持学习的同时，还需要通过不断积累经验来创造新的方法。

经营是日复一日的发现，是经验的积累，也可以说是接连不断地发明和创造。

发明新商品、新的销售方式，开拓销售渠道，开发广告宣传方法，扩大人脉，或者怎样使产品更畅销，怎样调整公司结构以提高效率，以及公司业绩的分析，怎样提高利润率等，都是需要思考的事情。

除此之外还有一点，它可以称之为"发明"。不断地积累"发明"是小型企业必须重视的一环。

经营入门

改造员工之前先要改造自己

上一节我讲述了"经营者常常会寻求信仰的力量"。

在小型企业中，员工通常会是自己的亲戚朋友，很多经营者由于自己的信仰不被他们理解而苦恼。

但是，从某种意义上我不得不说，这是理所当然的事情。因为社会上有太多因为社长沉沦于自我的信仰而导致一败涂地的例子。

比如，很多企业的社长或许会感叹员工们的精神境界太低。

但在感叹之前员工们会问道："信仰能帮你提高多少水平和能力？能带动企业发展壮大吗？"

人们总是相信已经取得成绩的人。所以，要获得员工的理解，就要通过不断地学习和实践，让企业蓬勃发展，业绩显著提高。只有这样，才能在员工面前建立起威信。

反过来说，没有实实在在的成绩，一味地埋怨企业经

... 经营者的素养 ...

营不善全因为员工的精神境界低,是没有任何意义的。要牢记,只有取得了实实在在的成绩,才能获得别人的认同。

同时,由于经营的世界中企业与客户、供应商等的关系极为重要,需要确立一定的实务能力。所以说,审视并带动、提高企业的业务水平是十分重要的。

在改造员工之前先改造、改善自己,才是带动企业发展的正道。

3 小型企业实行家族式经营未尝不可

在小企业中,社长夫人发挥着重要的作用

上面谈到了最高领导的水平决定了公司发展的百分之九十九,更严谨的说,其中不单只有社长,还包括了社长夫人。

经营入门

因为在小型企业里,社长夫人同社长一样发挥着至关重要的作用。在员工不足百人的小企业里,没有社长夫人的一臂之力,企业几乎不可能成功。

很多创业者在创业之前已然成家立业,拥有一位贤惠能干的夫人实在是件幸事。

在小企业里,夫人既是社长的商量对象又是参谋。而很多社长夫人还身兼财务方面的工作。对于小企业来说,通常社长夫人是能放心托付财政大权的唯一人选。一下子把"钱包"交给外人,有时会发生侵吞公款甚至挟款私逃的事件。

可以说在创业初期,夫人是最得力的助手,而能干的社长夫人是一生成功的保证。

所以,要充分肯定夫人的能力和工作表现,要对夫人心怀感激之情。

... 经营者的素养 ...

小型企业很难获得亲友之外的人才

同时,不仅是夫人,有时自己的兄弟姐妹或子女也会在公司里担任要职。完全不必对这种家族式经营感到不好意思,大多数日本企业都是家族式经营。

小企业确实难以获得亲友之外的、可以信任的人才。大企业可以大规模招聘员工、网罗人才,但小企业往往难以招到优秀的人才,尤其是能够充分理解社长意图的高素质员工。

在只有十几二十名员工的小企业里,可以说分不清社长的话是指示、商量还是纯聊天的员工占了绝大多数。

所以,社长必须下达非常明确的工作指示才能让员工照做。而且,收集他们的意见时要清晰地说明"这件事要同大家商量"员工才能听懂。类似的情况在小企业里屡见不鲜,那里大多是一个指令一个动作的员工。

在这种情况下,拥有一位能充分理解社长的考虑和心

——— 经营入门 ———

情的夫人无疑是值得庆幸的。如果再有一个子承父业的儿子做帮手,则更加如虎添翼。因后继乏人而倒闭的企业层出不穷,所以单是事业有人继承,就绝对称得上是一大幸事了。

同时对于继承人来说,有机会继承父辈创立的事业也应该心存感激。

经营者要在提高自身能力的同时,提高自身素养

小企业几乎不可能人才济济,也不能指望把资质平平的人教育培养成能力突飞猛进的人才。

所以,企业的最高领导必须重视提高自身能力,努力让能力成倍增长。

因此,能够拥有一种信仰和精神上的寄托,也是经营者提高素养的选择之一。通过信仰可以树立人生观,学习深层次的思想和哲学,并参加面向经营者的最新经营理

... 经营者的素养 ...

论,是带动自己的企业进一步发展的地基工程,也是一种对研究开发的投资。

经营者的素养当然包括了优秀的工作能力,而仅有这些还不够。作为率领众多部下的社长,必须是品格高尚、满腹经纶的人。

而且经营者不但要见多识广,更要为人正直、受人信赖和尊敬。

从这层面上来说,提高自身素养对于企业高层人士很有裨益的。

4 小型企业的经营要点

要点1　确保收入来源

不断寻找和思考能为企业带来收益的产品

单刀直入的说，在小型企业的经营上，经营者首当其冲要考虑的是，能为企业带来收益的产品。

要不断思考什么样的商品能带来利润、什么样的服务能增加收益、顾客需要的是什么样的产品，要时时刻刻寻找企业的饭碗在哪里。

无论是看电视，还是与人交流、看报告书的时候都要时时留意。小型企业的经营者必须确保企业的收入来源，这点非常重要。

首先，生产出能为企业带来收益的产品，再思考如何让更多的人购买或是使用它。经营者必须保持这种思考。

思考什么样的产品能成为企业的收入来源、怎样发现

... 经营者的素养 ...

或创造能为企业创收的产品,与参禅是一样的,需要不停地想,不停地想,直到捕捉到灵感。

经营者首先需要具备发现或发明出明星产品、畅销产品,判断企划案的可行性以及这种味道、这种形状、这种尺寸的产品将受到市场欢迎等的能力。

其实,考验经营者水平的,正是预估产品的销售量和企业收益的直觉力。

所以说对于小型企业,经营者的个人能力主宰了企业的发展。

要点2 构建组织

组织的构建方法是拆旧建新

经营就是先推出产品,再通过销售和营销的手段让更多的人购买,当经营步入正轨后,开始需要雇佣员工来工作时,也就需要构建组织了。

── 经营入门 ──

这时要注意，只要适合自己企业的就可以，不必刻意迎合组织的模式。

社会上很多企业都设有部长、科长、主任等职位，但没有必要把别家公司的模式照搬到自己的企业来，要把重点放在自家企业的需求上。

而且我认为，构建组织是拆旧建新的过程。去除不需要的部分，营造需要的部分。如果已有的东西没有达到预期效果，就必须立刻淘汰并重新构建。我想，这是一种可行的方法。

要点3　经营决断

不惧"朝令夕改"的批评，果断推行决策

不仅在组织的构建上，经营决断也是如此。

经营环境日新月异，时时刻刻都有各种新鲜信息传递过来，当这些新信息改变了你的想法时，不要惧怕"朝令

... 经营者的素养 ...

夕改"的批评，以及可以大胆推行新的想法。

或许有些人会批评这种做法"没节操"或"缺乏哲学性"，但对于小型企业来说，满意的结果是最重要的。

在通向成功的道路上要不断做出选择，只要结果是令人满意的，总有一天员工们不再批评，追随社长的脚步。

所以，不要让组织的架构和自己制定的命令或企业方针困住手脚，重要的是向成功不断迈进。就算朝令夕改，但成功才是硬道理。

哪怕是早上的说法到了晚上就改了，只要晚上的说法是正确的，就要坚持。要注重结果，什么是正确的就怎么做。

这样一来或许会被员工评价成"不靠谱的社长"，但导致企业倒闭的才是真正不靠谱的社长。一个能够维持企业正常运转的社长，应该称之为"英明的社长"不是吗？

在创业初期，难免会出现因人才匮乏、信息不畅通、

―――― 经营入门 ――――

经营力量薄弱而导致需要反复实验、反复摸索，这就需要不断地探寻正确的方法。

所以，当想到了一个比一小时前的方法更好的方法时，就要果断采用，然后要创造业绩。有了实实在在的业绩才能获得人们的信赖。

经营者要不断思考更好的方法，当达到了陷入思考中晚上睡不着的境界，才能称得上是一名合格的经营者。

要点 4　制定流程

将工作流程和想法落实到纸上，让别人遵照执行

当企业站稳了脚跟，运转步入正轨后，经营者就需要把销售、宣传等以前亲力亲为的工作，在一定程度上逐步地移交给别人去做。

这就需要制定工作流程。第一部第 1 章 "生意兴隆的秘诀" 中写到，需要谨防教条主义的弊害，但为了让别人也能胜任工作，规定工作流程是很有必要的。

当企业发展到一定程度时，经营者不能单凭主观直觉行事，要把工作交给别人去做。这就需要经营者把自己手上的工作归纳起来，写清楚工作流程、心得等。

而这张纸也将成为企业的运营指南。它远远不同于企业方针、社训，或者社内规程等正规文书，其中包含了需要每年调整更正的内容。

但是，暂时不正规也没关系。哪怕这份流程仅适用了三个月，社长仍有必要花时间把做过的和今后要做的工作流程与心得归纳起来。

利用上班以外的时间，或工作不忙的时候都可以，这么做是很有必要的。

落实在纸上的工作流程，对理清思路也会有很大的帮助。

员工往往无法在推量社长内心想法的基础上做出正确

经营入门

的判断和行动,所以会经常发生同样的话要重复三遍、四遍、五遍才能理解的情况。

为了避免类似的情况,需要将规章流程等文字化,有必要将当前的要求打印在纸上或者贴在墙上让员工阅读。

在创业初期,社长分身乏术,很难抽出时间总结自己的想法。而当企业发展到一定程度时,将想法归纳起来并文字化的举动就十分重要了。并且这些内容需要实时更新,加入新鲜的内容。

由于这些内容很难以口述的方式传达,所以手写也没关系,而文字化之后的内容,一定要交给部下并推行。同时,还要训练员工养成书面报告的习惯。

这些做法,对于明确企业内部的分工是非常重要的。

... 经营者的素养 ...

小型企业的经营要点

要点1 确保收入来源
不断地寻找和思考能为企业带来收益的产品

要点2 构建组织
组织的构建方法是拆旧建新

要点3 经营决断
不惧"朝令夕改"的批评，果断推行决策

要点4 制定流程
将工作流程和想法落实到纸面上，让别人遵照执行

5 关于利润和纳税

纳税金额增加的同时，企业的未分配利润也将增长

下面谈一谈企业利润。

日本有众多企业，据说其中出现赤字的企业占了七成。当然，出现赤字的原因之一是经营不善，而非常多的

经营入门

企业是为了逃税才将账面做成赤字的。

对于小型企业的社长来说，合理避税、应付税务机关是重要的工作内容。而能与税务机关"博弈"的只有社长。所以在一定程度上，这是难度相当大的工作。

社长需要在纳税上磨炼出新的能力。小型企业通常会雇佣一两名财务人员，社长根据他们做成的资料判断企业的运营情况。但是，社长有必要进行学习，以便能够熟练地掌握财会知识。

在纳税问题上，以下的思维方式是非常重要的。

纳税，意味着企业获得了双倍于纳税金额的利润。毕竟，没有利润也不会发生税金。

虽说有很多经营者为了逃税，极力让账面看起来企业利润介于盈利和赤字之间，但其结果往往是为此花费了不必要的经费和投资。请记住，过度追求避税，有可能导致经营散漫的下场。

... 经营者的素养 ...

所谓世上没有努力赚钱的穷人，作为企业，理应把"保持利润逐年增长"放在首位。

税金不可能高于利润。税金只占了利润的一半（1997年的标准，目前占到三四成），应该反而希望"自己的企业跻身纳税企业的行列"才对。

而且，每年的纳税金额持续增长，也就说明公司的利润在同步增加，只要不做违法的事情，没有哪个企业能既不纳税又获得利润的。同时不能忽视的一点是，纳税额增加等于企业的未分配利润也在增长。

只要是在日本这个国家里、在国家提供的可进行经济活动的场所里、面向日本人做生意的人，就有义务将所获利润的一部分返还给国家。再说，金钱是流动的，自己企业缴纳的税金也将流向生意伙伴。

所以，大可以把所得利润的一半当成"公款"看待。

当然并不是说避税没有必要，合理避税很重要，而这

―――― 经营入门 ――――

里指的是，如果社长把精力全花在避税上，企业就不可能得到发展。

评价产品的是顾客

社长应该把精力花在确保收入来源上，也就是开发和制造出能为企业带来收益的产品，并扩大销售、增加销售额、提升收益。这才是社长应该做的事。

同时，任何行业都会有顾客需求，所以重要的是征求顾客意见、提升产品知名度、取得顾客的好评。

评价产品的不应是企业内部人员，而应该是外部人士。内部人员无论怎么夸赞"绝妙的创意"、"优质的产品"，卖不出去就是卖不出去。所以，必须征求外部人士，也就是购买产品的顾客的意见。

所以要认识到，真正的敌人并非税务机关，而是"市场"。只有获得顾客的肯定，让顾客为自己的产品折服，才

...经营者的素养...

能实现企业的繁荣。

6 将艰难的经营决策当作禅机，磨炼坚定不移的信念

在企业蜕皮期"人事调整"的应对方法

对于小型企业来说，社长是最重要的人力资源。随着企业规模的扩大，会不断有新人加入，企业内部体制也将逐渐定型。

这时，有可能发生"创业初期加入的元老级员工由于能力不足对企业发展不再有帮助，而不得不对他们做出令人遗憾的处置"的情况。

然而，那些敢于对元老级员工做出处置的企业，才是能够持续发展的企业。

经营入门

如果当这样的事情落到自己头上时，请一定要为企业的发展感到高兴。绝大多数的企业都能够十年如一日的持续经营下去，这说明了它们正在持续发展，这是一件值得令人高兴的事情。

但是，对于那些在创业初期做出贡献，但随着企业规模扩大了数倍而无法胜任管理职务的元老，需要做出"薪酬丰厚但不能再担任管理职位"的决定。也就是说，要控制对企业的负面影响。

当然，对于明确提出辞职的元老级员工，企业应当给予其恰当的金钱上的待遇，不让其带着怨言离开公司也是很重要的。

要知道，在企业的蜕皮期，做出类似的艰难决定也是经营者的工作之一。

... 经营者的素养 ...

社长要敏锐、严格、智慧

在亲戚关系上也是这样。原本由父子、兄弟姐妹、夫妇等共同创立起来的公司，随着企业的发展，单凭他们的能力是无法维持企业运转的。

这时，如何处置他们就会变得异常艰难。毕竟谁也不希望看到兄弟反目。

但是，处置原则与对待元老级员工相同。只要能力不够，哪怕让出一部分利润、给予经济上的补偿，也要避免其占据管理职位，从而造成阻碍企业整体发展的情况。

同时，当实在找不到处置方法时，要采取分割企业或财产的方式，创立自己独立经营的企业。

不能硬下心肠做出这些理性的判断，就不算是合格的经营者，只会走上自我毁灭的道路。

不管怎么说，为了成为成功的经营者，一定要把艰难的经营决策当作"禅机"（得悟的契机）对待，磨炼坚定不

经营入门

移的信念。而缺乏敏锐、严格以及智慧的人,即便在小企业也是无法胜任社长的职务的。

... 经营者的素养 ...

第二部　经营者的素养

第二章　常胜的领导才能论
——如何成为拥有千名以上员工的大企业

1　何谓基于"完整人格思想"的常胜思考

2　经营者必须清楚"个人想法"的影响力

3　继承事业的注意点

4　"生意"是创业的根本

5　带动发展的企业架构的构建方法

6　突破发展的瓶颈

7　"发现和创造需求"有利于企业发展

8　稳重务实的经营者的"前瞻性"

9　透彻研究对手的成功和失败

10　"常胜思考"让一切都变为成功的原因

...经营者的素养...

常胜的领导才能论

——如何成为拥有千名以上员工的大企业

1 何谓基于"完整人格思想"的常胜思考

本章我将针对我的著书《常胜思考》进行一番解说。与本书的第一部第二章介绍的《工作与爱》一样,《常胜思考》是适合所有人阅读的书籍。虽然并非专门针对经营者,其中亦有对经营者们有所帮助的内容。

比如,当被问到"我到底是在传授什么"时,可以用《常胜思考》的副标题来回答:"我传授的是'人生路上没有失败'。"

―― 经营入门 ――

　　如果提问者是位知识分子，也可以用《工作与爱》的副标题"成为超级精英的条件"来回答："我传授的是成为超级精英的方法。"

　　所谓"常胜思考"，是指从成功和失败两方面吸取经验和教训，来引导人生走向真正胜利的思考方法。在《常胜思考》中，鲜明地表现出我的思想特点，是一本能够在一定程度上看出我本人的倾向性和基本原则的书籍。

　　在我的思想和行动方式中，有充满光明的、积极的、建设性的思维模式。并且，这种思维模式不仅注重"光明思想"，也非常重视反省，是基于"完整人格思想"形成的思维模式。

　　所以，可以把"常胜思考"称之为全天候型开拓命运的方法。

2 经营者必须清楚"个人想法"的影响力

经营者的能力决定企业的发展

《常胜思考》的第一部是"常胜的原点",其内容非常丰富和深刻。

在第一部的开篇谈到了领袖的天资。经营者必须知道:企业靠的是社长一个人的决策,所以说社长的思维模式是非常重要的。

如果社长的能力低下,即便手下聚集了无数优秀的人才也无法出色地完成工作。相反,即便部下全都能力有限,只要社长足够优秀,部下也将受其影响变得能干起来。

也就是说,社长的思考和决策的方式,对企业来说具有非常强大的影响力。

各个企业的规模不尽相同,各有各的思维模式,不能一言以蔽之。对于非法人企业和中小型企业来说,企业能

------ 经营入门 ------

发展到什么程度几乎全在于社长一个人的能力。本书的第一部第二章"如何成为'帅才'"中也有提到过,企业的发展不可能超出经营者的能力。

所以,通过客观审视企业的发展水平,可以看出其经营者的能力。

但是对于经营者来说,企业的发展局限于经营者的能力范围之内也是一种幸福。

不管怎么说,想让企业进一步的发展,经营者必须刻苦钻研,提高个人能力,扩大能力范围。除此之外没有第二个选择。

中小型、微型企业适用"独裁式经营"方式

市面上的经营类书籍中常出现"民主式经营"的概念。

在欧美式经营论中,常谈到"必须集结众多员工的智慧,采取民主式经营模式"的思维模式,以及权限分配、

... 经营者的素养 ...

明确责任等内容。

但是，这种概念并不适用于非法人企业和中小型企业，如果照搬硬套只会导致失败。

这是为什么呢？因为尊重所有员工意愿的民主式经营，是基于"所有员工都肩负责任，所有员工都是管理者"的想法，是一种企业最高责任人不负全责的经营理念。

员工只是员工，只能从员工的视角看公司。在员工的立场上无法对公司整体的业务经营做出全面判断。由于他们的想法始终停留在各自职务的水平上，所以即便是征求了每一位员工的意见也难以做出正确的经营决策。

所谓民主式经营，只不过是为了应付工会或者使经营者逃避责任的一种模式，即便它受到媒体的欢迎也改变不了不切实际的事实。

通常，"独裁式经营"会受人诟病，然而对于中小型、微型企业来说，这才是最有利于企业成功的经营模式。因

经营入门

为它是一种由经营者独立决策并负全责的体制。

随着企业规模的扩大,一言堂的现象常常会逐渐变成很多人聚在一起开会讨论。不能笼统的说到底哪种模式最好,因为对于中小型企业来说,一言堂能够非常迅速地做出结论是不争的事实,而"众人一起讨论"则常会发生花费了时间却迟迟得不出结果的情况出现。

另外,"独裁式经营"还有容易顺应环境变化的优点。由于中小型企业可能会因为细微的环境变化而倒闭,所以如果在收集员工意见上浪费了太多的时间,就有可能造成无法挽回的后果。

"独裁式经营"虽然不好听,但在其积极的一面上,可以说是一种充分发挥了领袖才能的经营模式。

日本有很多家族式经营的企业,一般对家族式经营的印象都不太好。然而,当企业处在尚不具规模的阶段时,能够迅速得出结论的家族式经营,未必不是个好的模式。

... 经营者的素养 ...

而当企业具备一定规模,"独裁式经营"也就要逐步退出舞台了。

也就是说,当企业规模小,员工最多只有 300 人的阶段时,经营者的水平和领袖才能决定了一切。当优秀的人才加盟企业后,经营者就必须要充分发挥他的才能。因为经营者的能力决定了一切。

企业的发展不可能超出经营者的能力

在小规模企业里,社长通常扮演技术骨干的角色。但是,当企业发展起来时,就有可能会超过社长的能力范围。

如果社长是技术型领导,只懂得用自己的方式管理企业,而不懂得知人用人,硬要扩大企业规模的话,反而会因为个人能力的局限而失败。

所以,那些强烈希望运用自己的方式或兴趣来管理企业的经营者,需要清楚地知道自己经营能力的极限在哪里，并且在能让自己满足的范围内，尽可能的管理好企业。这也不失为一种方法。

并不是说只有成为大企业才称得上"发展"，在自己的能力范围内达到最完美的经营水平也同样重要。

3 继承事业的注意点

看透继承人的经营能力

相比很多社长都希望让自己的儿子继承企业，这里需要清楚地把握继承者的能力范围。

创业者经历了创业的艰辛，在一定程度上是具备经营能力的，然而由于蜜罐里长大的儿子没经历过磨炼，常会发生辛苦建立的基业毁在继承人手里的情况，又或者毁在第三代继承人的手里。由于第二代、第三代没尝过创业的

... 经营者的素养 ...

辛酸，毁掉父辈基业的事例比比皆是。

所以，在考虑让自己的儿子继承事业的同时，要充分考虑其经营能力的范围，把握儿子能力的极限。

当企业发展到相当的规模，超出亲生儿子的能力范围时，必须考虑把企业托付给其他人。

因为具备一定规模的企业联系着众多员工的生计，是大家的"共同财产"而并非属于个人，所以必须慎重考虑。

企业的思维模式与其规模相配套

在企业继承人的教育上还有一个注意点。

通常经历过艰苦创业的父辈经营者都会让儿子去取得高学历，或是先进入大公司学习经营。但是，如果继承人把从大企业学到的东西直接应用在自家企业上，反而有可能会搞垮公司。

因为大企业是一个庞大的组织结构，很多做法并不适

经营入门

用于中小型企业，不能照搬硬套。第二代、第三代继承人如果比照大企业去急于冒进，只会导致惨淡收场。

同时，由于父辈经营者盲目的听从儿子口中所说的"大企业的做法"而致使企业发展不顺，人心涣散，破产倒闭等情况也屡见不鲜。

于是他想不明白，为什么特意把儿子送去接受教育积累经验，却还是换来失败的结局。其实，这是因为企业的思维模式与其规模并不匹配。

另外，中小型企业的社长常因求才若渴从大企业挖人才过来，然而请来的人才却可能发生"水土不服"的情况。

比如把大公司的业务课长挖来自己公司当业务部长，满心以为能提升公司业绩，而事实却事与愿违，最终不得不辞掉他。

这是因为，大企业与中小型企业的思维模式并不一样。在大企业中，个人权限细分化，每个人都是齿轮上不可缺少的一环。然而中小型企业需要的却是全才型的员工，需要同时掌握很多种工作能力。不求精益求精，但求博学多才。

大企业中的"人才"通常是指对某一领域特别精通的人，而他们无法同时胜任几个工作，因此不适用于中小型企业。

所以，为企业谋发展，就要采取与现有规模相匹配的思维模式。

要根据企业当下的实际情况考虑最合适的发展规模，也要结合自己的能力，把握自己的能力极限。

4 "生意"是创业的根本

忘"本"地调整企业架构是错误的

上面所说的略显严肃，希望各位以此为前提，重新去思考企业该如何发展。

那么，在创业初期，怎样才能让企业稳定下来呢？

对于创业期的企业来说，最需要的不是"经营"，而是"生意"。把生意建立起来才是最重要的。

所谓生意，就是货物和金钱的交换。有买有卖，才能被称之为生意。

没有购买的人，没有顾客，则生意不成立。这既是创业的根本，也是任何时候都不能忘记的基石。有了生意才有企业。

然而，当企业发展到一定规模时，经营者常会发生焦点模糊，偏执于企业架构的情况。经营者以为是在经营，

... 经营者的素养 ...

实际上是陷入了极大的误区。

首先,生意是根本,是企业成立的基石。有顾客购买产品,企业才能生存下去。

产品卖出去才有销售额,扣除经营成本之后还留有剩余才有了利润,这才称为生意。

当经营成本高于销售额时,企业就会因赤字而倒闭。

进货成本,或者生产上所花费的人工费、材料费、运输费等各种费用称之为经营成本,去掉经营成本后仍有盈余的生意才算成立,反之则不成立。

提供人们所需的商品和服务,并从中获取经济上的利益,生意才能做起来。请记住,这是企业的根本。

> **生 意 的 建 立 基 于 利 润**
>
> 收益(利润)= 销售额 – 成本(费用)
>
> ⬇
>
> 请牢记这个根本

经营入门

个人能力与企业规模的关系

在此基础上扩大企业规模,单凭一个人的力量是不够的,这时就需要雇佣员工。

于是最初由社长夫人担任财务部长等职务,再招聘一个内勤,一个业务员,由此企业便可以启动了。在这个阶段,社长一个人足以掌控全局。

但是,如果社长事无巨细,所有事都要亲自过问的话,当员工达到30人左右时,社长一个人的力量就会濒临极限。

所以,当认识到自己是"事必躬亲型"的社长时,将企业规模控制在一定水平内也不失为一个正确的选择。否则社长将难以招架过多的压力。

事实上也确实有很多这样的例子。产品的畅销程度超过预期,企业的员工人数越来越多,规模越做越大,而社长的能力却有限,导致企业陷入混乱。这时,规模扩张反

...经营者的素养...

而成了倒闭、被迫交出经营权的主要原因。所以,要清楚地知道自己的能力。

5 带动发展的企业架构的构建方法

社长要重视财务和人事

当员工人数超过30人,超出社长个人的掌控范围后,就需要开始构建企业架构了。没有构建的能力,是很难经营起30人以上的企业的。

当员工人数达到30人时,社长就需要配备一名负责接听电话、管理社长日程等内务的女性秘书,暂时还不需要配备负责实务的男性秘书。

而这时,由社长夫人担任财务部长的时代也该结束了。夫人再精明能干,其能力范围也仅限于员工100人以

经营入门

内的规模。

对于那些抱有"把公司的钱袋交给妻子才放心,公章、小金库也必须交给妻子保管。公司不能少了妻子的帮助"之类想法的人,最好还是把公司控制在一定规模之内。

当企业发展壮大之后,社长夫人不能再胜任财务部长的位置,这时,就应该将这部分工作交由更优秀的专业人士负责,需要把财政大权交给亲属以外的人。如果没有这份气魄,也就无法掌控一个大企业。

那么,从30人到50人,再到100、200,直至300人的阶段要注意什么呢?

有很多经历过艰苦创业或者技术型的社长,对自家商品、产品以外的东西一概不知。所以在企业规模扩大之后,都会将自己不熟悉的工作悉数交给别人去做。结果很有可能就导致断送了企业的未来。

在这个阶段,社长要特别注重两个部门。

... 经营者的素养 ...

一个是财务部。要注意收入、支出、公司账户余额等资金的流动情况。

另一个则是人事部。在员工规模没有超过300人之前,一定要特别留心。因为,将人事完全交给别人的话,无法让企业变成符合自己意愿的样子。所以,在员工人数发展到300人之前,社长在工作上要有猛虎下山的气魄。

作为社长一定要明白自己能力的极限,因为这也是企业发展的极限。

所以,突破能力极限就变得尤为重要。既要坚持学习、善于求教,也要不断积累经验。要坚持不懈地努力,甚至努力到废寝忘食的程度,这样企业才能够得以发展。

请务必记住,在员工人数没有超过300人之前,要特别注重财务和人事部门。

经营入门

```
（员工人数在 300 人以内）
社 长 要 特 别 注 重 的 部 门
        1                    2
      财务部                人事部
  把握收入、支出、公      不要完全交给别人，
  司账户余额等资金流      避免企业变成背离自
  动情况                  己意愿的样子
```

正确判断出落伍的人才

下面谈一谈企业发展至 300 人规模的过程中的，企业架构的构建方法。

在创业初期，社长大多并没有太大的理想，通常是借助兄弟姐妹、亲戚朋友的帮助，从"维持生计"的程度做起。

在经营规模扩大之前这么做未尝不可，但如同前面所说，当员工人数上升至 100、200、300 人时，曾经并肩战斗的战友们很可能会出现力不能及的情况，逐渐落伍。

当然也有例外。比如本田宗一郎的左膀右臂藤泽武

... 经营者的素养 ...

夫,从财务到全面的经营管理,能力并不亚于社长。

但这毕竟是少数。在公司刚起步时加入的人,其能力大多只适用于当时的水平。

因此,那些因"劳苦功高"而坐上管理职位的人,当员工增加到50人至100人时,有的便渐渐开始落伍了。再怎么坚持,也最多勉强硬撑到两三百人的规模。

不懂知人用人的领导当上了部长,来了的新人也不懂得怎么任用,而导致运转不畅,这常令经营者头疼。

随着企业的发展,不可避免地会出现人才落伍的情况。优秀的社长固然能带领企业向前发展,但当规模达到300、500、1000人之后,当初创业时的元老们再也无法胜任社长的左膀右臂,也无法在企业担任要职。

创业初期,一般没有能够胜任大公司要职的人才。即便有也是极少数。所以,企业的发展过程中势必将出现落伍的人才。对于经营者来说,这是件痛苦的事情。

―――― **经营入门** ――――

倘若念在常年一起并肩作战的情分上硬让其担任财务部长、商品部长或者业务部长，可由于他们缺乏管理能力，势必会制约企业的发展。

这里便需要经营者做出决断，判断要不要狠下心肠把他们淘汰掉。

不淘汰，企业将不能进一步发展，而社长的能力也将永远停留在那个水平，勉强发展也只能是悲剧收场。所以经营者必须做出艰难的抉择。

因为数百名员工的命运都系在经营者的决断上。

能否成为称职经营者的决定性因素

几百名员工在公司工作了数十年，依靠公司维持生计，而经营者的一个决断就会彻底颠覆他们的生活，这是非常残酷的事实。

所以说，身为社长如果死要面子，或者一味扮好人，

... 经营者的素养 ...

只会拖累企业发展的脚步。

俗话说"不会蜕皮的蛇会死",蛇必须通过一次又一次的蜕皮才能长大。经营也是一样,要知人善用,时刻思考知人用人的方法。

希望给他人留下好印象是人的天性,然而当很多人因为"没有能力的人坐上高管的位子"而烦恼时,就必须做到当断则断。

这需要经营者具备冷静理性的判断能力,也是能否成为称职经营者的决定性因素。做不到这一点的经营者将难成大器。

怎样安置劳苦功高的元老级员工

那么,怎样安置劳苦功高的元老级员工呢?

第一种方法,是给予适当的退职金请他离开公司。

第二种方法,是根据他的功劳给予丰厚的薪水,并安

经营入门

排在不重要的职位上。

辞掉做出过贡献的员工会非常尴尬，会受到"兔死狗烹"的非议，是十分令人头疼的。

所以，除非其本人有辞职的意愿，不然，就要尽量为他安排闲职，并给予丰厚的薪水当作补偿。这样一来，哪怕每个月付给他50万、100万日元，至少不会造成其他方面的损失。

实例证明，倘若让他担任公司要职，则有可能造成数十亿，甚至是上百亿日元的损失。

社长再优秀，假如部长等中坚力量的能力不足，也无法上传下达，以至于给企业造成损失、利润锐减甚至造成赤字的局面。这是中小型企业常会出现的悲剧。

大企业聚集了一定的人才，获得晋升的人必有所长，不会出现偏颇。但中小型企业并非如此，很容易出差错。所以，担任企业要职的领导能力如何，大大左右了企业的发展。

有时候，经营者必须不顾私情。没有弃小保大的气魄，永远无法突破中小型企业经营者的水平。或许有人认为"这么做是反人道的，无论如何都做不来"，其实这是一种自以为是。做不到，说明你没有资格让那么多人把生计托付给你。

这与军队作战是一样的道理，将领的判断失误会导致全军覆没，所以必须冷静客观地做出决断。

从微型企业到中小型企业，再到大型企业的发展过程中可能遇到的最大瓶颈，恐怕就是怎样处置"落伍的人才"这一关。冲破这一关，企业才能得以发展。

企业进一步发展需要补充新鲜血液

最适合企业当前发展阶段的人，称之为人才。

对于一个只有 5 人、10 人的小公司，即使招到优秀的人才也没有让他发挥的空间。不论对于他本人还是对社长，都是一件可悲的事情。

由少数人支撑家族式经营的企业，招来过于优秀的人才反而对其本人和周围的人不好，所以要招聘符合企业当前规模的人才才行。

企业的规模越大，对人才的水平要求越高，就更需要及时补充新鲜血液。没有合适的人才，企业的发展也将停滞不前。所以，人才带动了企业的进一步发展。

所以说，在企业发展的过程中，"如何处置落伍的人才"和"如何补充新鲜的血液"是社长必须考虑的两大重要工作。

回归"顾客至上"的原点

当员工增加到50人、100人，乃至300人时，经营者容易把重点放到构建企业架构上，而忘记了"生意"是企

... 经营者的素养 ...

业的根本。从此，经营的焦点就开始偏离轨道。

当他们忘记经营企业的意义，开始一心专注在构建企业架构上时。销售额就会开始减少，利润率也会开始降低。

这时，请你细想一想，当初你是为了什么才创立企业的。在发展的道路上，肯定会面临这一关。

企业创立的目的，应该是服务于顾客。有顾客，生意才成立。一定要回归到原点。

用这个视角审视企业内部人员，就会发现员工们并没有这么想。很多人最初也是抱着"为顾客提供优质商品"的愿望，可随着企业的发展，逐渐变得只在意薪水。

这时就必须及时整顿，回归原点，重新让"有顾客，有需求，才会有生意"的理念贯穿公司上下。

供应必须迎合需求。要恪守这个理念。

―――― 经营入门 ――――

6 突破发展的瓶颈

突破"转变思想"的局限

下面谈一谈立志"引领企业成为千人以上的大公司"时所要注意的地方。

这个阶段的注意点，英语称作 paradigmshift。Paradigm 的意思是"思维模式的基本结构"。能否转变思维模式，决定了企业能否发展成为千人以上的大公司。

每个公司都有诸如"这就是本公司的方针、这就是本公司的运营模式、本公司的架构就应该是这样"的固有思维模式，然而在发展的各个阶段，都是需要不断地转变思想的。

在员工人数由 30 人增加到 50 人、70 人，又从 100 人增加到 300、500，甚至上千人的发展过程中，如果没有随之转变思想的意识，就只能说明经营者的能力不足。

... 经营者的素养 ...

为了不忘却"生意"这个企业立足之根本,必须回归到创业的原点上。而企业的行动模式和组织运营等,也需要随着规模的变化而转变理念。单单感觉到有问题存在是不够的,还必须清楚地知道问题在哪里。

那么对于转变思想,什么是最重要的呢?

在发展过程中难免会遇到难以突破的情况,逐渐的每个人都感觉到了企业在止步不前。这被称作"瓶颈"。

所谓瓶颈,原本指瓶子上靠近瓶口的部分。从瓶子里

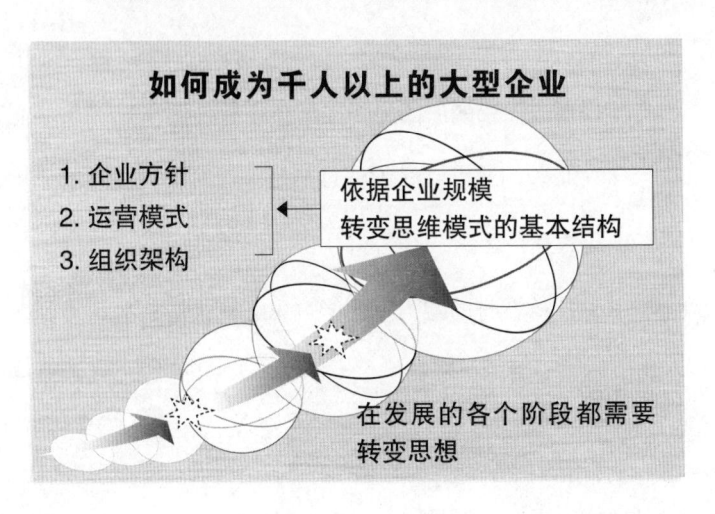

如何成为千人以上的大型企业

1. 企业方针
2. 运营模式
3. 组织架构

依据企业规模转变思维模式的基本结构

在发展的各个阶段都需要转变思想

------ 经营入门 ------

往外倒水时必须通过那里，所以水流的大小取决于瓶颈的粗细。

瓶颈是阻碍发展的主要因素，经营者必须去探究企业为何进入了瓶颈期，是什么问题形成了瓶颈。

于是，在发展的每个阶段必将有新的发现。造成瓶颈肯定有其原因，突破了瓶颈，企业才能顺畅的向前发展。发展一段时间后又将再次经历瓶颈，这时就需要再次寻找原因，解决问题。

审视造成瓶颈的原因是否在于经营者自己

探究瓶颈的原因时必须注意的是：通常出现瓶颈的原因在于经营者自己。

由于社长自身的能力、才能、思维模式造成公司遇到瓶颈的例子非常多。

... 经营者的素养 ...

实例① 当无法觉察到人们的兴趣、嗜好发生变化时

举例来说,当社长固执地认为"产品就应该如何如何"时,这种执念便有可能铸成瓶颈。

比如有这样一家生产点心的公司。战争刚结束时白糖属于高级食材,只要是甜的点心都卖的很好。但是,随着经济逐渐复苏,人们的兴趣、喜好发生了变化,比起甜腻的点心,适当控制甜度的点心反而更受欢迎。

然而,生产点心的公司老板因为曾经历过战后那段白糖匮乏的时期,误认为"放很多糖进去的才是好点心"。因此不论人们的兴趣、嗜好如何改变,他还是固执地坚持一贯的做法,结果就造成了销售额下滑。

由于社长完全抓不住时代变化的趋势,而导致企业遭遇瓶颈。

蛋糕也是一样。有的蛋糕房会认为加了很多材料的就是好蛋糕,因为"我家的蛋糕里放了很多鸡蛋"、"放了很

经营入门

多糖"、"放了很多黄油"等而沾沾自喜。然而有些蛋糕房,尤其是在小地方,往往会因此忽视黄油、白糖的质量或蛋糕的松软度。

其实在大城市,口感绵软的蛋糕最受欢迎。

想法守旧的蛋糕房没有意识到当下顾客的需求,一味地鼓吹自己生产的蛋糕用的食材有多么好。

类似这种老板自身的兴趣、嗜好和思维模式落后于时代的情况很多见。这就是因为学习不足,必须要意识到自身想法的落后会成为企业的瓶颈。

实例② 当老板一味任用那些合自己脾气的人才时

由于经营者自身的原因造成瓶颈的例子还有很多。

比如,一个既具备发明的才能,动手能力又强,还能生产销售一肩挑的老板,即使没什么学历,单凭其个人的才能也能撑起公司的生意。

... 经营者的素养 ...

当他积累了一定的成功经验后,就会开始认为"做生意不需要学历"。其实,在一定程度上这句话是没有错的,只要会做生意,学历并不重要。但是,一旦产品开始爆发式的畅销,悲剧就要上演了。

伴随着产品的畅销和收益的增加,企业逐渐发展壮大,开始雇佣越来越多的员工。而当企业拥有数百名员工的规模时,就必须要进行组织管理。

这时,即便他一直以来都认为"学历无所谓,只要会做生意就行了",但如果不开始储备人才,将来就会很难掌控全局。

也就是说,或许经营者积累下来的经验延续适用了很长时间,但如果企业超过一定规模后还不及时转变思想的话,经营将会陷入困境。

而在中小型企业向大企业迈进的过程中就经常会发生类似的情况。那些只任用合自己脾气的人才的老板们,在

经营入门

企业规模扩大后，必须及时调整思维模式。

松下电器就曾经发生过类似的情况。松下幸之助没有念完小学，在昭和年代初期，他认为自己的企业不需要大中专的毕业生。他认为自己的企业需要的是符合当前规模的人才，而不是有学历的人。

于是，当松下电器发展成为员工人数超过一万人的大企业时，因为没招聘大学工科毕业的技术人才，企业一度岌岌可危。

后来，松下幸之助在一定程度上转变了思想。否则，即便自己有多年的从商经验，但不懂得善用高学历的人才，也就无法胜任大企业的经营者。

所以身为经营者，要根据企业规模的变化及时调整自己的思维模式。

... 经营者的素养 ...

实例③ 当无法善用事务部门时

下面再讲一个例子。

有一位个人能力非常高的老板，手下的人才少而精，做出的工作附加价值非常高。

然而，随着需求的增加和企业规模的扩大，如果公司员工全都是同一种类型的话，企业发展将受到阻碍。如果企业由一群思维模式完全一致的人来经营，规模扩大后就会发生运转不畅的情况。

所以，企业经营者必须善于用人。没有基层的支撑，没有善于将事务或琐碎的工作打理得井井有条的员工，就会在一定程度上制约企业的发展。

这种情况常发生在医院。但医院的经营模式却是反面教材。医院只要保证收益率就能维持运营，但我能一眼看出其体制的弊端，而医院的管理者却因为没有学习过经营管理而懵然不知。

经营入门

医院通常不懂得用人，常误认为只要有医生有护士医院就能经营下去。

可医院也是企业的一种，只要善于运用事务部门就能实现发展。

从某种程度上来讲，为了促进经营顺畅，企业需要有与社长想法不同的人存在。由于医生是技术型职业，往往会因为不懂得如何运用事务部门，从而妨碍了医院的发展。

在医院以外的地方也发生过同样的情况。比如，由几名律师共同成立的律师事务所，大多难以发展成规模。因为几个同领域的人聚集在一起却不懂得用人之术，从而制约了企业发展。

所以请记住，具备某种专长的人聚集起来不代表一定能经营顺利，毕竟知人善用是一门大学问。

... 经营者的素养 ...

社长导致企业遭遇瓶颈的原因

1. 无法觉察到人们的兴趣、爱好发生变化
2. 一味任用那些合自己脾气的人才
3. 无法善用事务部门

7 "发现和创造需求"有利于企业发展

对于企业的发展,发现和创造需求是不可或缺的。这点非常重要。

第一阶段是发现需求,要拥有一双敏锐的眼睛。

第二阶段是创造需求,创造需求非常重要,要懂得如何唤起人们的需要。

在企业创立之初,首先要发现需求。着重点不在于"我想卖什么",而是探寻"市场需要什么"。发现需求是企业

启动的前提。

接下来，要逐渐向创造需求的阶段迈进，这将大大促进企业的发展。

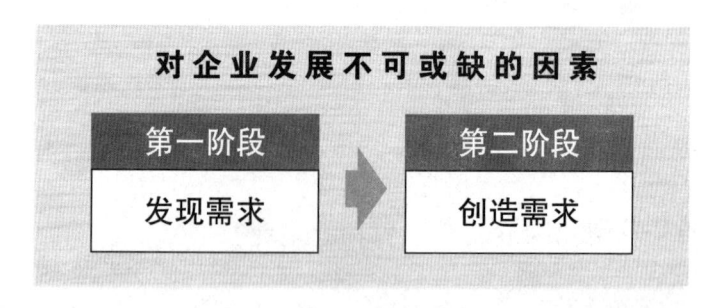

对企业发展不可或缺的因素

第一阶段	→	第二阶段
发现需求		创造需求

8 稳重务实的经营者的"前瞻性"

上述内容，是在企业发展过程中的必经之路。也就是说，在发展的各个阶段如何转变思想是尤为重要的。

正如上述所说，经营者个人的思维模式、人生观和理

... 经营者的素养 ...

想几乎全面左右了企业的发展。

当然，经营者具备前瞻性是好事，但前瞻性也分很多种。我们常说要提前考虑到下一步、再下一步，其实能预见到下"半"步就很好了。

考虑得太过超前，其他人会跟不上你的思维，所以暂且考虑"半步"就好。这样的经营者可以称之为稳重务实的经营者。

过于超前容易导致别人跟不上，或者造成过度的先行投资，所以超前"半步"的做法更为妥当。

9 透彻研究对手的成功和失败

下面谈谈与《常胜思考》第二部"光明轮回的理论"有关的内容。

经营入门

每个行业都存在竞争对手。其实，这是非常重要的，也是件非常好的事情。

因为竞争对手会对自家企业的发展有很大的帮助，研究克敌之道才是发展的原动力。

当同行业中有规模超过自己的企业时，就要透彻地研究对方超过自己的原因。

研究对方企业为什么发展的比自己好，并将合适的成功经验贯彻到自己的企业中。

两个势均力敌的经营者，实践对方的成功经验应该可以收到与对方相同的成效。在研究对方的成功经验上，绝不能马虎懈怠，要彻底钻研到清楚明白。

同时，有成功就会有失败。通过透彻地研究同行的失败和教训，也能从中看清自己接下去应该怎么做。

另外，还有的企业介于成功和失败之间，那么，就要琢磨它为什么到达这个阶段之后就停滞发展了？它的瓶颈

... 经营者的素养 ...

在哪里？

所谓当局者迷而旁观者清，所以，研究对方造成瓶颈的原因对自身也是很有帮助的。

10 "常胜思考"让一切都变为成功的原因

将消极转化为积极的方法

下面的内容或许与经营论没有直接的关系，却是我非常希望与各位分享的，关于"常胜思考"的内容。那就是面对失败时的思考方法。

当获得成功时，人们总能很轻松地讲出成功的理由。

虽说有必要了解成功的原因，但怎样在遭遇失败时不让失败终结在消极情绪上，怎样才能让消极转化为积极更加重要。

——— 经营入门 ———

无论企业还是个人都是如此。要刻苦钻研"如何让负面转化为正面"。

其实失败是很重要的充电期,如果一个人总是一帆风顺就很容易粗心大意,造成企业在各个环节上出现漏洞。而适度的失败则是填补漏洞的机会。这一点,企业和个人是共通的。

失败是深刻审视和改善企业内部的最好时机,一味的垂头丧气是毫无意义的。

突破瓶颈的方法——常胜思考

接下来,在《常胜思考》的第四部"常胜思考的力量"中写到的**"要奋力反击"**。这也是非常重要的。

当遭遇挫折时,要思考如何迎头反击。失败不仅仅是失败,还是上天赐予的垫脚石。带着这样的想法去钻研,就一定会大有收获。

... 经营者的素养 ...

就像鲸鱼全身都有用一样,要把成功和失败运用到极致,这就是常胜思考的基本。

常胜思考,是指把别人的成功和失败,以及自己的成功和失败研究透彻,学习彻底。

顺境时一鼓作气,逆境时迎头反击大逆转。

带着这样的思维模式,在任何情况下都能够找到打破瓶颈的方法,将一切都变为成功的原因。这就是常胜思考,对个人、对团体都非常有用的思想。

《常胜思考》中包含了丰富的内容,对人生和经营都很有帮助,希望大家能认真研读。

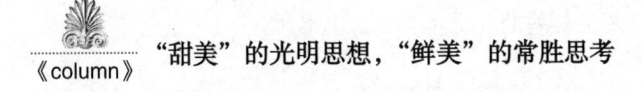

《column》 "甜美"的光明思想,"鲜美"的常胜思考

经营者必须清楚有利于发展的思维模式之间的不同

光明思想是指发现事物光明的那面。它即便不能帮助

经营入门

你实现理想，也必定能使你收获美满的人生。

抱有光明思想的人，往往有"不理解他人的感受、觉察不到或无视自己的错误，还有失败"的倾向。实践光明思想的人几乎都是由于这些原因而失败的。

因光明思想而成功的人当中，有些是不理解他人感受，认为自己完全没错误、完全不需要反省的人。这是一种人格的不完整，必须纠正。

从某种意义上讲，光明思想追求的是类似于甜点的"甜美"。然而常胜思考与之有所不同，它追求的是"鲜美"，是用海带和鲣鱼花之类熬煮出来的高汤似的鲜美。追求这种"鲜美"的正是常胜思考。

光明思想的"甜美"能使人愉悦，但久了也会腻。或许一段时间内光明思想的确拯救了你，可渐渐的你就会觉得腻烦起来。

可常胜思考追求的是"鲜美"，"鲜美"是不会腻的。

... 经营者的素养 ...

常胜思考里包含了"光明思想"和"反省"这两方面,教授的是贯彻人生始终的学习与发展。

第三部　发展与繁荣的秘诀

第一章　经营入门
　　——经营者应具备的八种能力

1 经营，是运用人才经营事业、取得成果

2 树立"经营理念"这面旗帜

3 构想力——描绘事业整体的具体前景

4 训练如何树立理论

5 具备教育者的素质才能扩大事业

6 判断力——经营者必须要做出的艰难抉择

7 针对经营者的"公私"问题

8 进退拿捏——完美的谢幕与继承人的培养

... 发展与繁荣的秘诀 ...

经营入门

——经营者应具备的 8 种能力

1 经营，是运用人才经营事业、取得成果

经营者往往在不自觉中一个人包揽了全部的工作

本章的内容虽未涵盖所有与经营相关的内容，但以入门的级别，讲述了立志成为或已经担任了经营者角色的人们，应当具备的态度。

这些态度是企业经营者，乃至大型企业组织的管理层都应具备的。

首先要讲的是：有些经营者，没有充分认识到自己"经营者"的身份。

经营入门

意思是说，通常经营者都会因为自身能力超凡，所以凡事都要亲力亲为。因此，就会出现一个人包揽了所有工作的情况。

毕竟没有能力是当不了社长的，所以经营者很容易出现事必躬亲的倾向。

而对于有能、有才、有业务能力的社长来说，很难抑制住"恨不得一个人把所有的工作都承担下来"的冲动。

这种人属于完美主义型，其性格决定了他很难把工作交给别人去完成。能够与别人共同工作的人更能够适应长年为别人打工的角色，而那些无法与别人协作的人大多都成了经营者。

所以，这些人往往在不知不觉中一个人包揽了全部的工作。

... 发展与繁荣的秘诀 ...

经营的本质不是单打独斗而是运用人才

所谓经营，是指运用人才经营事业，并取得成果。不懂得运用人才，仅一个人单打独斗是不能叫作经营的，而是独立工作者或者匠人的工作形态。

匠人都是独立工作，也有些匠人会一个人经营事业。

但是，经营是需要借助他人的才能和力量去实现目标的。从某种意义上来说，借助众人的力量去实现个人无法做到的目标，这才被称作为经营。所以经营者要善于用人。然而很多经营者却不理解这个根本的道理。

原本个人的能力不突出就成不了经营者，所以那种希望延续个人辉煌的想法完全可以理解。但是身为经营者，必须要懂得运用人才来经营事业。

举个报社社长的例子。比如即便报社社长喜欢撰写报道，可凭他的一己之力是无法写完所有报道文章的。所以他的角色要从亲自执笔转变为审查别人所写的报道，以及

------ 经营入门 ------

掌控报社各项工作上,最终晋升为报社一把手。

任何行业都与此相同,从最初一个人包揽全部工作,到逐步感到一个人的力量是不够用的,从而开始雇人手。这就是经营的本质。

但是社长们通常不仅对自己严格,也严格要求别人,很难放心地把工作交给别人做。因为觉得别人可能无法达到自己的程度。

拿新闻报道来说,社长亲自上阵能写出精彩的报道,而交给别人的话则难以达到自己的水平。与其再花时间修改审校,还不如一开始就自己写。

但即便花费时间,也要放手交给别人,练习如何修改别人的文章。然后再进一步培养能够胜任审校工作的人,自己则只抓全局工作。

如果不能这样一步步提高工作水平,是无法胜任经营者的角色的。

... 发展与繁荣的秘诀 ...

再优秀的人也有体力和时间上的极限

个人能力优秀的人往往不懂得如何运用人才。"能够独立完成"和"运用人才取得成果"是两种不同的能力。

若不注意这一点,很容易造成个人能力优秀的人因不懂得运用人才而失败收场的情况出现。

如果公司里有跟社长能力一样强的人,那么他就可以与社长领同样的薪水。据调查显示,在日本,社长的平均月薪为二百万日元[*]左右。

假如部下可以完全胜任社长的工作,那么他也可以每月领二百万日元的薪水了。

然而实际上,没有哪个企业会付给员工与社长相同的薪水。员工的月薪高的在五六十万日元左右,低的十几万到二十万日元不等,社长的手下就是这些人在工作。

他们的薪酬只有社长的几分之一甚至十分之一,胜任

注释:二百万日元(1元人民币=19.359日元)

经营入门

不了社长的工作是理所当然的。

从根本上来讲,就算是每月领二百万日元薪水的社长,他的时间同样是一天 24 小时。无论怎样牺牲睡眠时间,他的工作时间都不可能达到别人的两倍。

然而即便是超人一般的社长,也不可能拥有两倍于常人的体力。这是理所当然的,因为原本背得动一个人,再加上一个人的时候也要垮掉的。

能跑上别人两倍的距离,不代表体力也是别人的两倍。时间也是这样,一天的工作时间怎么也不可能达到别人的两倍。每个方面的优秀人才也是有极限的。

经营的基本是用别人的才能和时间实现高目标

所以,从社长的角度来看工作能力只有自己几分之一的人,只要把他们聚在一起同心协力,这对增加自己的时间也非常有效。

... 发展与繁荣的秘诀 ...

一天工作上十几个小时已经是极限了,而让别人为自己工作八个小时,等于从他身上获得了八个小时的时间。

就算他的能力只有社长的三分之一甚至十分之一,只要支付的薪水跟能力挂钩就可以了。

要善于借助别人的时间、体力、能力和智慧,去实现比一个人单打独斗所能获得的更高的目标。这是最基本的经营理念。

能够独立工作与运用人才取得成果是截然不同的。

适当运用人才就能够取得比独立工作更高的成果,倘若还不如独立工作的成效高,这说明运用人才只是为了自己可以休息,也就变成了偷懒懈怠。所以,众人协力所获得的成绩必须高于个人独立完成的。希望大家注意这一点。

单纯地为了自己能休息而花钱雇人,那只不过是一种"消费",是"散财",而不是经营。

从这个观点来看,雇个照顾孩子的保姆就不能算是经

经营入门

营,只不过是付出收入的一部分让自己更轻松而已。

但是,社长的时间就是经营资源。为了高效利用,需要配备秘书来负责接听电话、制作资料,处理各种事务性工作,这才是经营。为了增加自己的时间并高效利用、高水平完成工作而运用别人的时间,才能称得上是经营。

总结起来说,经营的基本就是运用人才去取得更高的成果。请首先认识到这一点,因为有很多人并不能理解这个道理。

"经营"不能单凭地位和年龄

不理解经营的基本,仅仅因为个人能力优秀,并且到了40岁、50岁"恰当的年龄段"而成为经营管理者的人有很多。然而引起事端的常常就是这些人。

个人能力优秀固然很重要,但作为经营者,还需要拥有其他能力。不懂得运用人才取得成果,是经营者根本性

... 发展与繁荣的秘诀 ...

的失职。

同时,很多人误解了"运用人才取得成果"的意思,以为把工作委派给别人做是为了可以让自己休息,这也是不行的。

在经营方面,雇佣人手、使资金运转起来所达到的成果,必须比独立工作要高。首先请牢记这句话。实际上有太多人不明白这一点。

有些上了年纪的人逐渐有了部下,以为自己成了经营管理者以后便可以休息了。

还有的人当上科长、部长等职务之后,立马神经松懈了下来,这些都不能称为是经营者。

经营者在让别人为自己工作的同时,也要进行策划等各种开动脑力的工作。请正面对待这一点。

——— 经营入门 ———

经营者必须具备的能力

运用人才取得成果
高于
独立工作

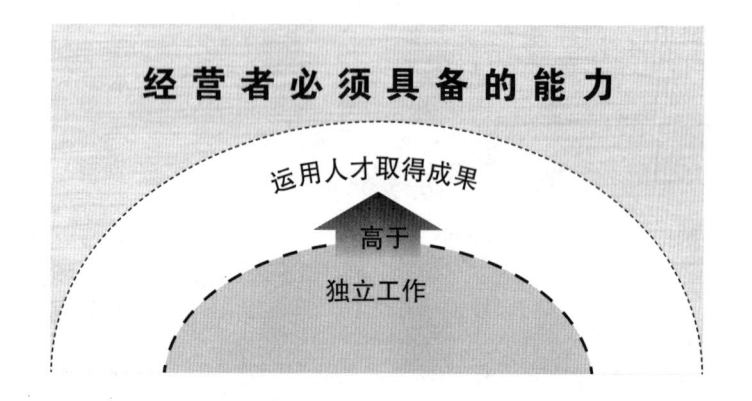

2 树立"经营理念"这面旗帜

将经营理念贯彻组织上下

经营者要注意的第二项是"树立经营理念"。

以制造业企业为例,用"本社的业务是生产和销售产品"、"本社是生产和销售产品的供应商"之类充当企业介绍的公司,是不会拥有忠实的员工的,其业务也难以扩大。

一个组织必须要有经营理念。所谓经营理念,指的是

... 发展与繁荣的秘诀 ...

组织整体的前进方向，是引领方向的旗帜，是武田信玄的旗，是织田信长"天下布武"的口号。它既是旗帜，也是目标。组织需要一面引领方向的旗帜。

经营者要树立经营理念让员工学习，并不断重复对员工进行"我们要朝哪个方向迈进，要为社会做出怎样的贡献"的教育。这种教育是非常重要的。

不能通过教育向员工渗透经营理念的经营者，就无法将自己的灵感和想法传递给员工。

经营理念能够通过对员工的教育，让员工的思想与自己同步。

依据经营理念，员工才能够独立判断和行动

不断重复渗透经营理念，在工作中遇到迷茫、找不到方向时，便可以以经营理念为依据进行判断。

将经营理念细分化，形成一个个小目标，便可以清楚

经营入门

地把握每个月甚至每天的工作任务。

有了经营理念，即便经营者无法对每个员工进行单独指导，员工们也可以从高层次的经营理念出发，并进行独立判断。

假设，一家出租车公司打出的经营理念是"为顾客提供全面周到的服务，让顾客度过愉快的一天"。

于是，即便没有具体规定"下雨天应该提供什么样的服务"、"晴天应该怎么做"、"刮大风时应该怎么做"，员工们也能够根据经营理念独立判断，什么样的天气应该提供怎样的服务。

第一部第一章"生意兴隆的秘诀"中也写到过无法感动顾客的例子。不能因为社长没有明确指示"下雨天要在乘客下车时递上雨伞"、"把伞借给没带雨具的乘客"，就放任顾客淋成落汤鸡。要让员工学会如何根据经营理念来判断自己应该怎么去工作。

为什么需要经营理念

为组织整体明确方向

↓

共有

员工可进行独立判断和行动

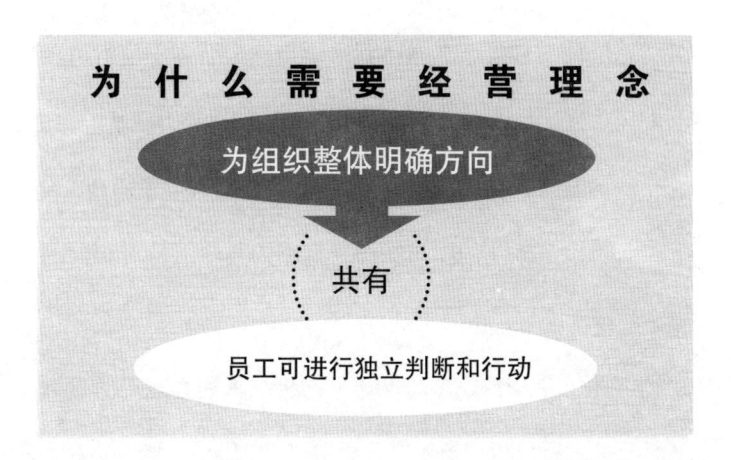

有了经营理念,即便企业发展到拥有数百上千,乃至上万名员工的规模,每个员工也都能够不断揣摩,明白自己应该怎样去工作。

而如果没有经营理念,仅仅规定了每个部门的目标和工作内容,那么遇到章程制度上没有的情况时就无法做出正确的判断。

所以,经营者必须树立经营理念。也就是说,经营者要成为一名哲学家。不需要太复杂的哲学,但要善于提炼总结思维模式和思想。做不到这一点的经营者不值得追随下去。并且，经营理念是推动企业发展的重要力量。

战国时代，在"风林火山"旗下战斗的武田军团和"天下布武"旗下战斗的织田军团，都因为与主君持有相同的理念而强大。

因此，在经营理念的推动下，组织将朝着既定的目标不断前进。所以说，组织必须要有经营理念。

如果目前企业尚没有经营理念，员工的认识还停留在"我们的业务内容是这样"之类的水平上，那么经营者必须认真思考，打出自己的经营理念。

或许有些社长会因为自己只有十来个员工却树立什么经营理念而感到不好意思，其实，只有明确了经营理念，企业才有可能就会向着50人、上百人的规模发展。相反地，缺少了经营理念，那么企业的发展就只能局限在社长的能力范围之内了。

...发展与繁荣的秘诀...

3 构想力——描绘事业整体的具体前景

下面要谈的是"构想力"。拥有为事业整体描绘组织架构、体系和业务形态等具体前景的能力是非常重要的。

这是经营者必须具备的能力。埋没在常规的业务中、专注实务工作的人是成不了经营者的。

总之,不要成为把忙和累挂在嘴上,缺乏描绘事业构想和前景的经营者。

构想力有别于经营理念。经营理念是企业的旗帜,而构想是详细描绘事业最完美的形态。

经营者要善于构想怎样使事业产业化、规模化,朝哪个方向发展。

经营者不同于员工,看上去像是在休息而实际上却仍在工作,是称之为"思考"的工作。所以说,构想力是非常重要的。

经营者没有周末,因为他需要不断思考。周六周日什么都不需要想的是每月领薪水的员工,周末休息的也是他们。然而,经营者或者管理者等企业高层,即便在休息日,心思也放在工作上。

经营者要具备反复思考工作前景和整体构想,以及创造的能力。

4 训练如何树立理论

努力学习如何创立理论

另外,经营者还需要进行"树立理论"的训练。这一条难度很大。

正如上述所说,经营者大多是能力超凡的人。头脑灵活、直觉力强,感性的人相对较多。直觉敏锐,洞察力强

... 发展与繁荣的秘诀 ...

是一个非常好的优点。经营者需要具备灵感频现、感情丰富、直觉敏锐的能力。

然而,这并不足以使企业发展壮大。与前面所说的缺乏经营理念时的情况相同,由于高层的想法无法传达给部下,造成经营全被高层一人的想法左右。

几乎所有的企业家都有"灵感频现"的特质。所以要努力训练自己掌握、树立一定的理论能力。

要努力学习将"这种思维模式是正确的"、"这种情况下应该采取这种方式对待"等思维模式、道理、合理性等将它们归纳成理论。

这些理论并非是一成不变的,仅仅是根据当前形势总结出来的也没关系。一步步努力练习如何确立"什么情况下采取怎样的判断、如何解决"之类的理论。

对于头脑灵活的经营者来说,其树立的理论应该是频繁调整变化的。但是坚持努力下去,所树立的理论将逐步

------- 经营入门 -------

趋于成熟，建立起企业在何种情况下应当采取何种对策等更加成熟的脉络。由此，社长们也会开始遵循其理论对待工作。

将"经营理论"一一连接，建立企业文化

当经营者树立了经营以及工作方法的理论时，员工就开始遵照理论工作。

这就像火车的轨道一样。火车无法在石子路上行驶，要在石子路上铺设两条铁轨后火车才能顺畅的行驶。没有铁轨，火车不可能在铺满尖锐石子的道路上行进。

公司也是这样，如果放任自流的话，就好比让火车在石子路上行驶。而经营理论，就相当于火车轨道。

而且，一根铁轨的长度虽然有限，但如果连接在一起却可以达到几百、几千公里长。把几根长度有限的铁轨连在一起，就成了轨道。

... 发展与繁荣的秘诀 ...

经营商的小理论就好比一根铁轨。要努力学会把每个阶段总结起来的思维模式、工作方法联系起来，形成企业文化，为员工的独立判断提供依据。

将矛盾的能力同时发挥作用的经营者才会成功

上面我讲到过，个人独立完成工作与运用人才完成工作是两码事。

那些灵感丰富、充满创意的人，看上去很优秀，但那种能力与"将理论像铺设轨道一样联系起来"的能力略有不同。应该说，这是两种互相矛盾的能力。

只有能够让这两种相互矛盾的能力同时发挥作用的经营者，才能创建伟大的公司，而做不到的人却会败在其中一项上。

如果经营者单凭丰富的灵感去工作，企业将终结在创业者手上，无法传承下去。相反，假如一味遵守刻板的规

经营入门

章制度,企业将变成政府机构或者是既有的大企业,不符合创业初期的情况而得不到发展。

所以灵感频发、想法丰富,又能够"铺设轨道"的经营者,才能真正地推动企业快速发展。

能够同时将两种矛盾的能力发挥极致的情况实属不易,但必须知晓这么做的重要性。

一个人的视野范围总是有限的。企业发展起来,部门逐步增加,单靠一个人的能力是远远不够的。

所以,具备树立理论的能力,就能依靠理论的力量推动企业发展。

重要的东西往往都是相互矛盾的,仅有少数人能做到同时兼顾。恐怕10个人乃至100个人中才有一个。

正因为难度很大,所以可以做到兼顾的人都能够成为受人尊敬的成功人士,而一般人却只能做到其中一项。

同时兼顾相互矛盾的能力

灵感频现的直觉力

树立理论的能力

5 具备教育者的素质才能扩大事业

接下来要说的是,经营者必须同时胜任"出色的教育者"这个角色。

缺乏了教育者的这一面,基本上可以断定企业是发展不起来的。

经营者作为活跃在商界的人士,从经济层面上来看或

── 经营入门 ──

许指的就是那些善于追求利益的人，然而其中不乏有同时具备教育者素质的人。这样的人善于培养人才，能够带领企业发展壮大。所以请记住，经营者需要同时扮演教育者的角色。

但是个人能力高的人容易产生误解，认为人的能力是与生俱来，不可改变的。

培养人才需要花费时间和精力，也需要坚持。因而并非所有人都是心甘情愿的。

绝大多数人都会认为，培养人才既花时间又浪费精力，还不如我自己做。

但正是那些肩负起教育者使命的人，才能够率领企业向前发展，这一点请铭记于心。善于开展员工培训和管理层培训的经营者才有能力带动企业发展。

经营者在进入晚年时会开始培养继承人，这也属于教育的范畴。毕竟没有培养出合格的继承人，极其容易导致企业破产。

然而也有不具备教育者的才能，但工作能力、经商能力非常强的经营者，成功带领企业发展的例子。但是当他步入晚年后，极有可能发生企业倾颓的情况，这几乎成为一条定律。

6 判断力——经营者必须要做出的艰难抉择

判断"取"与"舍"

另外，"判断力"也是经营者必须要具备的一项重要能力。

在企业的经营上，各种人际关系与工作方针交织在一起，错综复杂。人们聚集的地方，必定会发生工作上的意见分歧或人际关系上的摩擦。

经营入门

人类不是神,未来事业是成功还是失败,无法轻易做出判断。而判断,则是一件痛苦的事情。

在公司里,意见被采纳的员工会很高兴。比如说,5个同时期进公司的科长候选人,被选中的那个肯定很高兴。遇到好事的人喜气洋洋,而意见没有被采纳或者落选的人则会大失所望。

经营者都会遇到类似的抉择,现实不可能让所有人都高兴。企图面面俱到照顾每个人的情绪,反而会让员工们七嘴八舌,造成"船头多反误事"的情况,搞得乌烟瘴气一团糟。经营者作为领袖,必须牢牢掌控住全局。

这与分辨世间善恶或者道德意义上的善恶是有所不同的,我们需要立足于经营理念或经营者在大方向上的考虑,在企业里做出"取"与"舍"的判断。

这样的判断是痛苦的。不仅是经营者个人的痛苦,也是整个组织的痛苦。毕竟当选者是少数,而落选的才是大

... 发展与繁荣的秘诀 ...

多数,稍不留意就会让不良影响扩大蔓延。

话虽如此,但身为经营者要不惧非议的当断则断。

在企业中只要是认为应该削减的部分,即便有不同意见出现也要坚持立场,不能滥充好人。

这有点像外科医生的工作。动手术虽然也很痛苦,但却能从根本上切除病灶。而经营者的判断就像外科医生动手术一样重要。

组织规模越大,判断与要承担的责任越重

不能做出痛苦的决断,基本等同于经营者在逃避责任。在这样的经营管理者手下工作实在太不容易了。

他们总是想方设法地逃避责任,把判断利弊的责任推到部下身上。

判断与责任是如影随形的,下决断的人必须承担起必要的责任。

经营入门

承担责任是指，因决策失误造成的不良影响或者损失，必须由决策人承担责任。或者说，决策人要承担因决策产生的不满、批评和非议。

承担不起责任的人坐上高层的位子，也是不会对组织起到好作用的。

在大型组织中，职位越高责任越重，有时甚至要像做外科手术那样大刀阔斧的改革。当企业发展成为松下电器那样拥有数十万员工的大企业，一年中发生四千亿日元以上的赤字时，社长的一个决断就可能造成数万名员工丢掉饭碗。

这正像外科手术那样，大型手术伴随着大量的出血就需要输入新鲜的血液。

组织越庞大，决策的分量就越重，决策可能引起的反作用或责任就越大。但是，身为经营者不能只顾做好人，要勇于做出判断。

... 发展与繁荣的秘诀 ...

即使判断失误也能及时转舵

判断失误的情况也时有发生，只要上面的人敢于下决策，下面的员工才能放心地追随下去，因为失误是难免的，但这也比不做判断强得多。当然了，如果判断失误，必须勇于承担相应的责任。

如果决策人能够为自己的判断承担责任的话，一年、两年甚至多年之后回头看一看自己当初判断中出现的错误时，还可以及时转舵。

然而，如果决策者经营者判断失误却承担不了责任，而经营者又搞不清楚到底是谁下的判断，那么就不可能再纠正这些错误了。

所以，组织越大，经营者和决策者就需要承担相当的责任，而组织也需要避免让逃避责任的人坐上高层的位子。如果让逃避责任的人做自己的上司那实在太痛苦了。经营者必须明白这一点。

———— 经营入门 ————

7 针对经营者的"公私"问题

管理层与员工对于"公与私"的判断有所不同

此外,经营者还需要面对"公与私"和"进与退"的问题。

对于微型或中小型企业来说,公与私的概念是模糊的。在那里,工作与个人的关系经常混在一起,没有明确的区分。

当企业发展到一定的程度,认真开展员工教育后,公与私的概念将逐渐清晰。类似用公司电话谈私事、擅自把公物带出公司等情况都将不被允许。由此,公用与私用的区别便开始明朗化。

但是,当晋升到管理层后,会变得更难拿捏公与私的分寸。毕竟没有哪本书或哪个人会特地教授这些。

其实,有些大企业也未必能彻底做到明确和贯彻公与

... 发展与繁荣的秘诀 ...

私的概念。

有的大企业为了让管理层在工作时间也能吃上全套法餐，故配备了管理层专用食堂，而因为有时会在这里接待重要客户，所以也不能说一点"公"的成分都没有。那么，这到底算"公"还是"私"就很难分清楚了。

还有些人会从国外购买昂贵的古董、书画来装饰管理层的办公室，那这又算是"公"还是"私"呢？

说起来这应该算是个人爱好的范畴，但又考虑到接待客户时的门面问题对公司有利。那么在这种情况下就很难区分公私概念，所以不能一概而论。

管理层办公室里的绘画、古董、枯山水等装饰需要根据个人爱好来布置，因此也就很难判断公私的归属。从对企业有利的方面来说应该是"公"，从个人爱好的方面来讲又算是"私"。

一般都不会允许每月领薪水的职员用公司电话预约高

经营入门

尔夫。假如为了陪客户还是可以的，纯属私事的话则不行。

那么管理层又如何呢？

有人会认为公私问题上管理层也不能区别对待，喝酒吃饭、同学聚会、打高尔夫之类的也算私事应该自己处理。给私底下的朋友寄信时，即便是管理层也应该自己去买邮票信封，自己放到邮筒里，才叫作公私分明。

但是对于繁忙的经营者，对于重任在身的高层人士来说，处理这些琐事太浪费时间，没空亲自去邮政局买邮票、寄信，而交给薪水比自己低的人代为跑腿，而自己去处理附加价值更高的工作的话会更划算。

于是，两种意见碰撞在了一起。

管理层对于公与私的判断，与基层员工有所不同。为了节省时间资源，提高效率，把琐碎的私事交给别人去做无可厚非。

在这方面的判断是十分微妙、很难分清楚的。

... 发展与繁荣的秘诀 ...

一旦企业倒闭，经营者会在公私问题上被追究责任

一般来说，在企业蓬勃发展、利润节节攀升的时期，经营者几乎不会在公私问题上被追究责任。

当经营顺利之时，出于"结果至上"原则，则不会有人去追究社长打高尔夫算公事还是私事。

被追究责任的，往往是在企业垮台的时候。当资金吃紧、账面出现赤字乃至企业倒闭时，周围的目光瞬间会变得严厉起来，经营者会遭到很多诸如"导致今天这个结果，都是因为社长公私不分，天天打着公事的幌子打高尔夫"之类的抗议。

公私问题会成为最终责任，并追究到经营者头上，因为经营得不好而被追究责任，经营得好则相安无事，这是理所当然的。

所以，由于平时没有人时时判断"公"还是"私"，经营者会认为"为了充分使用时间资源、提高附加价值需

经营入门

要这么做"，而做出"需要配车"、"需要配备秘书"等判断。

另外，经营者生病住院时，员工需不需要陪护，也是相同的问题。

最终演变成，经营者所创造的附加价值的总和与经费之间的比较和衡量。

经营顺畅时经营者不必在公私问题上遭到质疑，而当经营陷入困局、企业破产时周围的目光就会瞬间变得严格起来。

所以经营者遭到逮捕通常是在企业破产后。经营顺利时几乎听不到经营者被逮捕的消息，一旦破产，各种各样的质疑便都来了。

日本企业可怕的地方在于，一边说着要公私分离，一边拿经营者个人的财产作为企业债务的担保。

人们通常认为经营者高收入、积蓄私产、中饱私囊。然而一旦企业破产，经营者的家宅、土地以及其他所有财

...发展与繁荣的秘诀...

产都将被尽数冻结、没收。因此，经营者的个人财产并不完全属于"私"的范畴。这方面的确很难说清。

经营者在公私问题上，只要承担最终责任就好。如果企业倒闭不能逃避，就要做好接受所有批判的心理准备。但是当企业健康发展的时候，周围的"眼睛"并不会那么犀利，也很少会受到外界的批评。

8 进退拿捏——完美的谢幕与继承人的培养

老社长的进退问题应由本人判断

对经营者来说，进入晚年后的进退问题尤为重要。

通常上了年纪后，由于体力减弱、判断力迟钝，发生决策错误的情况越来越多。虽然很残酷，但不得不说经营者过了65岁就很容易犯错误。

经营入门

有极少数超凡的经营者，过了七八十岁仍然意气风发、判断敏锐。这样的社长恐怕是经受了许多不为人知的努力，不是那些平庸的社长可以比拟的，甚至可以胜任那些平庸社长的老师。

有些拥有如此非凡实力的社长不会马上输给年纪，即便过了80岁仍然活跃在经营者的位子上。还有个别人到了80、90岁的年纪仍然老当益壮。然而对于一般人来说，上了年纪就开始衰老，慢慢出现判断错误的情况。

因此，到了65岁左右就必须开始考虑进退的问题了。但是在没有人前去"逼宫"的情况下，由自己做出"该退位了"的判断是异常艰难的。

通常，社长能力越高越感觉手下的人不够优秀，认为还没有培养出人才。

考虑进退问题虽然很艰难，但这必须拿出勇气由自己进行判断。

... 发展与繁荣的秘诀 ...

社长要主动提出退位,转为会长或者顾问。

由于内部批评很难传到社长的耳朵里,所以要在某个时间点上,主动做出进退的判断。

限定自己的工作范围,放手交给继承人

当公司发展顺利时,即便迟迟下不了决心退位也不会遭到非议,然而一旦企业破产,风言风语便随之而来。不过在这方面的确很难拿捏。

年纪越长名誉心越强,也越执着于地位,不管自己得到的再多,也认为这是理所当然的。

然而,员工会衡量经营者的所得,与分配给自己的部分是否恰当。

如果经营者做出的工作和创造出来的附加价值与所得相匹配则已,否则将会有怨言产生。

如果分配给员工的部分过少,但年老的社长却把所有

经营入门

成就据为己有，这就会遭到非议。

社长一方面很难进行自我批评，但做不到自我批评又会激发手下的不满，其中的分寸很难拿捏。

客观评定自己的生产力和附加价值是极其不容易的，所以可以通过销售额或收益、企业自有业务的成功度来衡量。这时，下决心退位是很难的事情。

做到完美谢幕并培养出继承人的社长，才算是合格的社长。

无论壮年期如何优秀，如果晚节不保也得不到好的评价。要努力做到自己做决断，做到演绎完美的谢幕，并培养出合格的接班人。

比起创业时的意气风发，当进退问题来到眼前时，是非常痛苦和失落的。

然而要站在客观的立场上，审视企业是否在培养年轻的人才，并判断出自己退位的时期。即便决定继续工作，

... 发展与繁荣的秘诀 ...

也要为了避免能力问题出现纰漏而限定工作内容,把适当的事情放手交由接班人去做。

组织需要向心力。一般来说,社长就是组织向心力的中心点,但上了年纪的老社长对细枝末节的唠叨还是会招人厌烦。

既然经营是运用人才去取得成果,那么就应该放手。只是,不能突然之间完全撒手不管。应该循序渐进地指导接班人工作,在保持向心力的同时,注意对琐碎的事情不要过于啰唆。一旦感到能力减退,就要缩小工作范围。这应该说是老社长肩负的义务吧。

让元老级管理层圆满退休

大约有九成的企业是由直系亲属接任社长。

当把经营大权交给下一代时,如果只有创业社长自己隐退,而元老级管理层仍留任原职的话,二代社长则很难

经营入门

顺利开展工作。这时，老社长就必须带领追随自己多年的老部下们一起退休。

"我打算退位了，你们也跟我一起退下来吧。我会给你们丰厚的退休金。"要让元老级管理层圆满的退休。因为，如果他们继续留在职位上的话必定会引起权力纷争，所以在世代更替时，为了确立新的体制，需要进行管理层的人事调整。

社长退位时，要做到能够带领管理层一同退休的高风亮节，否则，企业内部必起争端。

当然，在一定时期内也可以让元老级管理层暂时留任。比如当老社长突然因病去世，接班人一时无法马上展开工作时，此后的数年间，元老级管理层们要鼎力支持新社长。根据实际情况可以这么做，但到了一定阶段，仍然要适时的退休。

由于在元老们的眼中，第二代社长是稚嫩的，所以必

... 发展与繁荣的秘诀 ...

定会发生权力争斗。

当老社长突然去世,新社长羽翼未丰时,元老们必须在一定时期内给予支持。但除此之外,老社长让位给接班人时,必须安排合适的人选辅佐,并且在"长江后浪推前浪"时,要用适当的退休金让身负要职的元老们退休,否则,权力交接将很难顺利进行。

怎样避免过渡期的权力倾轧

在中小型企业中,创业者到二代社长之间会差30年左右,很难实现顺利过渡,常常会引起争端。

争端的原因通常是二代社长能力欠缺,尤其是老社长过早去世而新社长难以自立时,不可避免的会发生元老间的权力倾轧。

但是,基本上二代社长到了45岁之后,就必须部署自己的人事安排,提拔自己器重的人才到管理层,把大权

―――― 经营入门 ――――

掌握在自己手中。

当二代社长过了45岁,如果元老们仍多数留任原职的话,那么公司要么倒闭,要么分裂。比如元老们另起炉灶成了公司的竞争对手之类,肯定会造成内部混乱、权力倾轧。所以二代社长要以45岁为节点,确立以自己为中心的经营体制,否则企业很有可能毁在自己手上。

追随老社长多年的元老们固然劳苦功高,但如果自认有功却被压在二代社长手下心有不甘,从而企图篡权夺位,则很有可能变成恶人。

事业继承的注意点

1. 限定自己的工作范围,其他的放手交给接班人
2. 对于元老们考虑周全,让其圆满退休
3. 接班人过了45岁之后,要确立以自己为中心的经营体制

... 发展与繁荣的秘诀 ...

要妥善关照元老们的晚年生活

在如何对待公司元老的问题上，如果认为他的使命已经完成，要么请他另谋高就，要么支付退休金请他退休。像最初创业的社长一样，元老们也需要完美的谢幕。

二代社长大约在 45 岁之后，就必须要开始着手提拔自己看重的人才到管理层，掌握公司大权。如果 60 岁以上的元老们多数留在公司继续任职，就会造成二代社长要像对待父母那样替他们养老的局面，那么企业的经营将变得十分困难。

要充分肯定元老们做出的贡献，用金钱等方式妥善关照他们的晚年生活。这是二代社长必须要面对的决断。

如果有些元老的子女还没有成年，还要考虑其子女的上学问题，如果其子女还在念大学或者即将上大学，也要用支付学费等方式妥善周到地对待。

又或者对那些家属中有病人的，或者要选择养老院的

经营入门

元老们提供帮助,为他们排忧解难。

能够妥善关照、调动或辞职员工的二代社长,很多都大有可为。可以安排得如此细致周到,也是经营者一种能力的体现。

所谓经营者,既要有激烈、冷酷的一面,也要有温情、细致的一面。否则将没有人愿意追随。

二代社长要铭记,到了45岁左右,必须建立自己的政权,否则将会对公司失去控制,糊糊涂涂的到60多岁。

而对于辞职的人,也要感谢其做出的贡献,并适当地表达心意,尽量给予优厚的待遇,并对其晚年生活或者家人照顾妥帖,又或帮助他找到下一份、下下份新工作。能够在这方面做出努力的公司,几乎不可能倒闭。

如果解雇方式过于冷酷的话,被裁掉的人会在外散布很多不利于公司的坏话,告诉同行业的人"老社长那么伟大,他的接班人却很糟糕",从而导致企业信用下降、形象

... 发展与繁荣的秘诀 ...

受损。手段太过冷酷,必然会造成这样的后果。

世代交替时必须更换担任要职的人选,这是自然的法则,要谨慎对待。

继承人到了 45 岁时,创业社长要考虑引退

再重复一遍,二代社长要把 45 岁作为一个节点。

如果老社长在世,或许会认为 45 岁的社长肩膀还太嫩。其实这正说明创业者老了。由于创业者过了七八十岁趋于衰老后,会感觉 45 岁的接班人非常靠不住。

要认识到,45 岁的人有足够的能力胜任社长了。这时要进行权力交接,不能因为"感觉继承人还不够格"而让他到了 55、60 岁以后才接班。

60 岁了才当上社长不是件值得令人高兴的事。到了 60 岁,能做的事情已经不多了,只有当社长 40 多岁正当壮年的时候才有助于开展新业务,提高企业的成长性。

经营入门

通常应该以 45 岁作为节点,创业社长考虑引退,实现完美的谢幕。

本章的论述以"经营入门"为题,希望为各位带来参考。

...发展与繁荣的秘诀...

经营者应具备的
"经营入门"的八种能力

① 经营,是运用人才经营事业、取得成果

② 树立经营理念

③ 构想力

④ 训练如何树立理论

⑤ 具备教育者的素质

⑥ 判断力

⑦ 在公与私的问题上,经营者要做好承担最终责任的心理准备

⑧ 恰当判断引退时机

第三部　发展与繁荣的秘诀

第二章　事业繁荣的秘诀
　　——坚忍不拔的精神将推动事业的发展

1　从客观立场谈社长这个职业

2　所有的经营者都应富有使命感

3　面临破产风险是锻炼经营者的良机

4　把握事业的成长性

5　要有"上亿财富在前也气定神闲"的气魄

6　经营者要严格要求自己

... 发展与繁荣的秘诀 ...

事业繁荣的秘诀

——坚忍不拔的精神将推动事业的发展

1 从客观立场谈社长这个职业

顺应小企业社长的需求

接下来面向经营者，从客观的立场上谈一谈与市面上一般针对经营者的书略有不同的内容。

我在《幸福科学式经营论》中列举了关于经营的17个要点。

如能一一实践，定能帮助你的企业成长为IBM式的大公司。那么，规模略小的企业应该怎么做呢？

顺应这种需求，我在《幸福之法》中加入了"抓住重

经营入门

点的工作术"的内容。

同时,在本书第二部第一章中还加入了"致小企业社长"的内容,也是为了顺应他们的需求。

该内容针对的是规模在员工几人到上百人的企业,尤其以二三十人到 50 人的企业为中心,是一段篇幅不长但直接切入重点的内容。

如果它仍不符合你的实际情况,说明你属于一个人独立经营,或者处于即将增加员工扩大规模的情况。

使企业成长到千人规模的方法

我在 1986 年辞职独立创办了现在的事业,并在 1987 年全面开展活动。几年之后仅专职人员就超过了千人。

我所开展的不是盈利性事业,也并非企业,但以迅猛的速度向前发展。这份实际成果让我有信心论述与经营相关的主题。

... 发展与繁荣的秘诀 ...

当然,也经历过很多失误,遍尝种种成功与失败。在这个过程中,我坚持不断地研究组织的运营方法、人才任用方法和创新方法等。

从一个人开始,在几年间使员工人数达到上千人,是我做出的实实在在的成绩,也印证了这些年所论述的运营、经营理论是正确的。现在"怎样带领企业达到千人规模"的理论脉络已十分清晰。

我所创办的事业属于公益法人,虽然业务目的是公益活动,但从组织运营到"事业的血液"的资金问题与一般企业完全相同,区别仅在于开展业务的目的而已。

另外,在税率以及业务目的等方面与股份制公司不同,但"聚集人才、面向一定的目标齐心协力取得成果"的过程也是一样的。

所以,我所得到的经验也可以运用在企业经营上,纯粹从组织活动上来看的话,与战后出现的各种新型企业的

------ 经营入门 ------

成功案例相比,我所取得的成就足以称得上是一个相当大的成功案例。

适用于企业经营的方法论

我归纳总结了很多关于带领企业达到千人规模的方法,迄今的论述面向的是一般性的发展法则,鲜有具体的经营理论。

这是因为论述得越具体越容易招来误解。其实在1990年,许多人看到我又在东京巨蛋举办活动,又开始制作电影,便开始照猫画虎。

当时的非营利性事业界呈现"战国时代"的态势,各个团体之间的竞争异常激烈。大家相互切磋揣摩、群起模仿。而导致竞争如此激烈,其中一个原因是很多实业家出身的人的加入。

不过无论如何我所说的方法都完全适用于现代企业经

营。因此，今后我将继续阐述自己的成功经验。

2 所有的经营者都应富有使命感

思考怎样孜孜不倦地为人类做贡献

本章提纲将重点谈一谈事业繁荣的秘诀。

首先要说的是，经营者必须富有使命感。

无论企业规模有多小，都必须肩负使命感。也就是说，时刻思考我们的企业能为世间，为人类，为天下所有的国家，为全人类，为宇宙做些什么。

我倡导"经营不要纯粹以赚钱为目的"，而要立志通过经营为社会以及人类做贡献。这份使命感是宗教与经营的接点。

思考怎样孜孜不倦地为人类做贡献极其重要，它将为事业起到积极作用，必将成为有益于世间的事业。

时刻思考怎样为人类做贡献

我们的企业能做些什么
- 为世间为人类
- 为天下所有的国家
- 为全人类
- 为宇宙

这份"使命感"是宗教与经营的接点

社长实质上拥有比首相更大的权限

下面谈谈社长的权限。

有的社长认为，虽然手下只有数十名员工，但我是社长，在公司里我拥有比日本首相还大的权限。

确实，实质上从某个层面上来说，社长拥有比首相更大的权限。

... 发展与繁荣的秘诀 ...

比如连接首相官邸的公邸,即便头发堵住了浴缸,除了首相的亲属或保姆没有人会去处理。首相并没有让秘书官代为处理这类事情的权限。

在首相公邸,虽然晚上有称之为 SP 的,为政要权贵提供警卫的便衣警察或守卫警官保护,但是如果首相不以私人名义雇佣保姆,连帮忙做家务清扫小虫子的人都没有(根据某位元首相夫人的话)。

在这上面来说,一般企业社长的权限确实要比日本首相还高。因为,社长可以要求员工做些超出职务范围以外的事情。

不可思议的是,像首相那样看上去很了不起的人其实是享受不到个人自由的,反而是那些不太被关注的小企业社长们,却掌握着很大的权限,能自由地运转资金。

比如自主创业担任社长的人,即便在工作日也能堂而皇之的休息。而职员们则必须顾虑周围的眼光,想请假也请不了。所以,自由判断、自行做主是经营者的优势。

3 面临破产风险是锻炼经营者的良机

淘汰多余的部分

经营者拥有相当大权限的同时,也要承担失败的风险,可谓责任重大。

一旦经营失败,有的经营者选择自杀,有的负债潜逃。到了这个地步,许多人背上了沉重的债务难以翻身。

日本目前有几百万家公司,其中每年都有上万家企业倒闭。这就是弱肉强食的市场经济具有的残酷性。

从客观的立场上来看,破产是很遗憾的事情。曾经的社长失去地位,有的还被迫离婚,而员工们也遭到遣散,不得不重新找工作,真是非常凄惨的结果。

… 发展与繁荣的秘诀 …

为了避免发生类似的不幸，需要从宏观角度，也就是立足全日本乃至全世界的高度审视经济架构，将多余的部分彻底淘汰。

将评价不高的商品或服务投放到市场上，顾客是不会买单的，只会去购买别家的商品，或者选择其他企业的服务。这样一来必定会发生赤字。

如果对这样的企业提供纳税补贴，等于是在浪费国民缴纳的税金。如此放任的行为绝不能姑息。最终只有破产一种结局。

破产是非常残酷的，相当于"身为法人的自己死去了"。破产，等于"个人的死亡"。

经营者没有属于个人的资产则不被世间信任

经营者的个人资产几乎都拿去做了担保，或者成了连带担保人。万一经营失败，家宅、存款将被尽数没收。因

经营入门

此对于经营者来说，这是令人夜不能寐的压力。

以前，那些纳税大户的名字常被列上"富豪排行榜"受到媒体的关注和报道。其实对于经营者自身来说，没有一定程度的收入或财产，很难获得银行及社会的信任。

即便在法人的名义下有一定程度的存款，但如果这笔钱被用于运营，就会很快消失殆尽，银行对这种资产的信任度是很低的。

但是，个人名义下的存款便能获得信任。持有一定资产的经营者才被肯定为"十分出色"。

如果社长个人成为纳税大户，那么在外界看来其名下的企业资金实力雄厚，从而就会获得极高的信任度。

... 发展与繁荣的秘诀 ...

4 把握事业的成长性

把资金投放在用于担保的土地上是经营者的失职

银行这种地方是不会把钱借给贪财之人的，反而更倾向于对金钱兴趣不大的人，尤其是那些蓬勃发展，在全国各地建造自有建筑的企业尤其受到银行的欢迎。越是表明不需要钱的人，银行越想借钱给他。

1989年正处于泡沫经济全盛期的末期，当时我常告诫银行的支行行长等人士：不要贷款给拿土地作抵押的人。土地价格即将崩盘。地产价格里泡沫太多，千万不要以为只要拿土地作担保就能放心大胆的放贷，这样一来银行是会倒闭的。

但是，他们却充耳不闻，认为根本没那回事，在日本只有土地是绝对不会消失的。在国土狭小人口众多的日本，有了土地就能高枕无忧。土地面积不减少，地价只升

经营入门

不降。日本实行的不是金本位制，而是土地本位制，所以只有拥有土地的人信用度才高。

而我认为，这种说法是完全错误的。未来银行必须把事业的成长性作为贷款依据，必须学会判断每一个行业的发展前景。

银行必须能够判断事业的成长性、经营者的见识和人格，从而判断是否放贷。

另一方面，经营者也不能为了获得尽可能多的贷款而大量购置不动产，这是经营者的失职。

真正发展迅猛的企业，是懂得把资金投入到事业当中去，需要资金投入的是业务，而不是购置土地等不动产。与其大量购置土地作为抵押，不如把资金投到事业里，这样企业才能发展。

曾经银行会让企业购置土地作为贷款担保，如果银行的工作真这么简单，那岂不是人人都能胜任了吗？

... 发展与繁荣的秘诀 ...

培养前瞻性，敢于冒着风险下决断

银行的工作曾让我大吃一惊。

有家银行称，大笔资金需要专务的批准，而专务的权限有三十亿日元之多，令我感叹不愧是大银行。

但是仔细一听，原来所谓的决策权限指的是，对于存款大户可以在其存款金额之内发放贷款，最高金额不超过三十亿日元。

这让我很吃惊，这种程度也称得上是"工作"吗？

如果专务的权限是对于没有存款之类作保的人能够裁度三十亿日元以内的贷款还说得通，等于专务是判断贷款申请人的成长性来决定是否放贷。

然而实际情况却是要有一年以上的有约束性的定期存款作保，并在其存款金额之内发放贷款。

我认为优秀的银行家应该是能够贷款给没有担保的人，因为这需要经营判断。然而在担保范围内放贷却根本

——— 经营入门 ———

称不上"工作"。

要敢于冒着风险做决断,要培养这种前瞻性。作为银行,需要判断把钱借给谁。而另一方面,对于企业家来说,则需要判断自家企业的发展前景。

这种判断不能意气用事,毕竟企业发展不可能呈直线上升,即便保持迅猛发展势头的大企业,也会受经济环境变动等影响,发生业绩下滑的状况。

所以,必须顺应每个阶段发展的实际情况并及时做出判断。

5 要有上亿财富在前也气定神闲的气魄

社长必须"会赚钱"

钱包该收紧的时候要收紧,该放松的时候就要放松,

... 发展与繁荣的秘诀 ...

必须根据实际情况做判断。

其实，取得一点小成功、赚得一笔小钱的时期是最危险的。

当纯利润达到一千万日元以上时，企业就开始骄傲自满，而社长也容易产生"或许我真是天才"之类的荒谬想法。这种人不可能再实现更高的成就了。

下一个关卡是一亿日元。当一亿日元的纯利润摆在眼前时连眼色都变了，尽想着怎么花钱的人也实现不了更高的成就，他向上的脚步也就此停止了。

你能承受多少财富？这是一种非常重要的气魄。

缺乏这种气魄的人，哪怕赚了一块钱也会坐不住。还有的人没有赤字在后面追就不肯向前跑，要么就满足于收支平衡，要么赚一分花一分。

有的人只要达到收支平衡不出现赤字，就能把企业维持下去，可有了利润却反而失败。这很严酷，全在于经营

经营入门

者的气魄能承受得了千万级，还是亿万级的财富。

能达到标准的经营者算是聪明人，而上亿财富在前也能气定神闲的经营者则非常了不起。

当预测第二年的事业前景，判断将增收一亿六千万日元的时候，则分配三千万日元捐献给公益事业，其余一亿三千万作为利润保留，不再做其他捐助。能够在创造收益的同时进行公益捐助的，才是具备发展性的经营者。

而那些赚了一亿日元又全部投入到规模扩大上的经营者是不称职的。

造成财产尽失又得从零开始的人，是无法胜任经营者这个角色的。

尤其提醒经营者们注意的是以下几点：

赚钱不易，能成为经营者的人当然都具备"赚钱"的能力。这种能力是指开发新技术、开拓新商品的能力。而那些自身不具备这些，把这部分工作委任给别人的社长，

... 发展与繁荣的秘诀 ...

通常具备优秀的营销和销售能力。

对于独立经营的人来说,技术能力或营销能力,二者必备其一。

其中也有专长于财务的人士成为社长,这种类型的人只能掌控得了具备一定规模的企业。当企业发展到一定规模,运营变得复杂时,具有财务专长的社长可以发挥优势。然而在小企业,须得掌握技术或营销的能力才能胜任社长一职。这是定律。

"赚钱"的能力是社长必须具备的,这一点很重要。

"赚钱"需要洞察社会、市场的需求,否则将被淘汰。承受得住这份压力的人,才能创建优质企业,开发出优质产品,为世间做贡献。

所以,要承受竞争。忍耐、奋斗,创建盈利部门,为企业创造利润。

经营入门

"花钱"比"赚钱"难得多

赚钱的能力非常重要,一般上班族都不具备。然而,比赚钱更难的是"花钱"。

花钱比赚钱要困难得多。当运用一定的创意取得一定的成功,此后事业就步入正轨自行运转,财富将逐渐积蓄起来。只要是有才能的人都有可能做到。然而"花钱"却很难。

"赚钱的才能"和"花钱的才能"不尽相同。至少,缺乏"赚钱的才能"是当不了社长的,而同时还兼备"花钱的才能"的社长则少之又少。所以更要去招揽人才,聘任精通财务会计的专家来掌握财政大权。

因为社长根本不知道该怎么使用财富。为了保护公司,只好去聘请财会专家担任副社长或者专务、财务部长一职,规定资金的使用必须经由他们批准。

当企业发展到50人到上百人的规模时,就需要管理

... 发展与繁荣的秘诀 ...

财政的人了。

社长肆意挥霍财富会导致企业陷入危险的境地。

"赚钱的能力"不同于"花钱的能力",花钱比赚钱要难上好几倍。

预估"花钱"的收效

松下幸之助曾经说过:花钱比赚钱要难上三倍。

这是因为要测算能收到多少成效。钱花出去了,那么钱花的有没有效果,是有意义的还是无意义的,是有效投资,还是单纯的浪费?这需要用智慧去判断。

学会对花出去的资金进行判断,判断是不是有效投资,是否对企业有益。从世间或媒体的角度看,是否花得妥当。必须要认真思考。所以,需要从各个角度,立足各个立场来审视,不能冲动行事。

这笔钱花得对不对,客户怎么看,职员怎么看,甚至

------ 经营入门 ------

放眼 3 年、5 年乃至 10 年之后又如何？

不但要在充分思考上述方面的基础上"花钱"，还要判断收效，否则经营者将无法从中积累经验。

一旦投资失败，以后将无法再调动资金。

对于正在从事企业经营的各位来说，你们都具备一定的"赚钱"才能，但是希望你们记得，"花钱"才是更重要的事。

世间没有传授如何"花钱"的课程，唯有亲自去积累经验。运气好的人可以请教优秀的同行或者经营界的前辈，或钻研专业的书籍，然而实际上这门学问和技能却没有那么容易掌握。所以，怎么花钱是需要自己去琢磨、体会的。

6 经营者要严格要求自己

不能坚持开拓眼界的社长将沦为累赘

有了赚钱的能力，再加上学会花钱，那么企业将不断壮大。

当然，知人善用也很重要，另外还有很多需要注意的地方，下面重点说说几个要点：

首先，除了要具有赚钱的能力，还必须具备创意、技术和营销能力。

接下来更为重要的是，无法顺应市场需求的企业将被淘汰。

越受到广泛支持，创造出的利益就越大，这是件崇高的事情。但更要紧的是，如何使用创造出的利益。希望各位每年都去学习"赚钱"和"花钱"的方法，这真不是件容易的事。需要严格要求自己，客观审视自己。

经营入门

促进事业繁荣的能力

- 赚钱的能力：洞察市场需求，成为被需要的企业
- 花钱的能力：培养能够判断投资收效的智慧

花钱比赚钱难好几倍

要坚持开拓眼界。如果不具备与企业发展程度相匹配的眼界，社长自身将难以为继，在企业壮大之后变成累赘。而有可能成为累赘的社长最好不要企图发展事业了。

认真想一想，凭自身的能力，是否真的能领导十个人、上百人，还是上千人？没有金刚钻就别揽瓷器活。否则，当企业的发展程度超出了社长的能力范围，随时会有可能发生不幸的事。

这意味着手下的员工将丢掉饭碗。一个拥有百名员工

的企业,实际上肩负着员工以及其亲属三四百人的生计,那么500人的企业肩上则承担着2000多人的生活和人生。这是残酷的现实。

所以,不能仅凭个人意愿肆意行事,需要丰富的智慧,要背负起责任感去奋斗。不能严格要求自己的人当不了社长。

经营者对自己严格要求是"爱"的体现

我将"付出之爱"作为为人处世的根本,而经营者的"付出之爱"是对自己、对工作、对自家产品的严格要求。这份严格能够充分发挥员工的才能,是"爱"的体现。

经营者不同于普通人,他是指导者,必须严格要求自己。不但要对自己的能力严格,还要对精进、对目标严格。所以,请对自己严格起来。

另外,要对工作力求做到极致,达到夜不能寐的程

经营入门

度。放到营销职务上说,就要抱着哪怕累到血尿也在所不惜的觉悟,才算是真正的力求极致。如果达不到这种程度,根本称不上在"工作"。

所以,不要企图让企业发展到超出自己能力范围的程度。真正想要发展,必须先磨炼自身。超前考虑到下一步甚至下下一步,必须进行严格的自我投资。

这种夜以继日的奋斗,是经营者的本分也是使命。要明确肩负的使命,努力去实现。

如果自身想法肤浅,那么就安于小规模经营,努力维持现状吧。又或者当感到力所不及的时候,把公司转让给他人也是一种方法。

经营的才能里有天赋的成分在。至少,没有"赚钱"和"花钱"的能力是无法维持业务运转的。这一点,请铭记于心。

... 发展与繁荣的秘诀 ...

第三部　发展与繁荣的秘诀

第三章　经营的秘诀
　　——创造高附加值的经营者心得

1　经营者应具备"创造成果"的思维模式

2　由经济全球化引发的世界性通货紧缩

3　把技术革新带动的物价回落作为经营决策的一环

4　单凭打价格战无法生存

5　开发高附加值的商品是中小型企业的生存之道

6　专注于某个特定领域是中小型企业的生存之道

7　针对盈利部门加大经营资源的投入力度

8　考量的重心要从"自身利益"转移到"顾客"上

9　经营是对人类的爱和贡献

...发展与繁荣的秘诀...

经营的秘诀

——创造高附加值的经营者的心得

1 经营者应具备"创造成果"的思维模式

本章论述的是"经营的秘诀"。

我将"爱、知、反省、发展"四项原理立为我的基本思想,称之为"四正道"。关于经营的教义,属于"发展"的范畴。我认为,经济上的发展、繁荣和成功,是幸福原理的其中之一。

几千年前的宗教,其教义局限在"放下执着"上。然而在现代,如果企业的社长放下执着,放弃对于提高销售额、提升利润的追求会怎么样?

就算社长自身能够放下执着,结果却会造成手下数十

―――― 经营入门 ――――

名乃至数百名员工失业,生活无以为继,从而导致家庭破裂、妻离子散、患病、自杀等恶果。

所以,从"因果的理法"上来看,企业倒闭是一种恶。具体是指,"赤字是恶,盈利是善。企业的发展是愿景"。

如果大多数企业都能稳定经营,保障每个员工的未

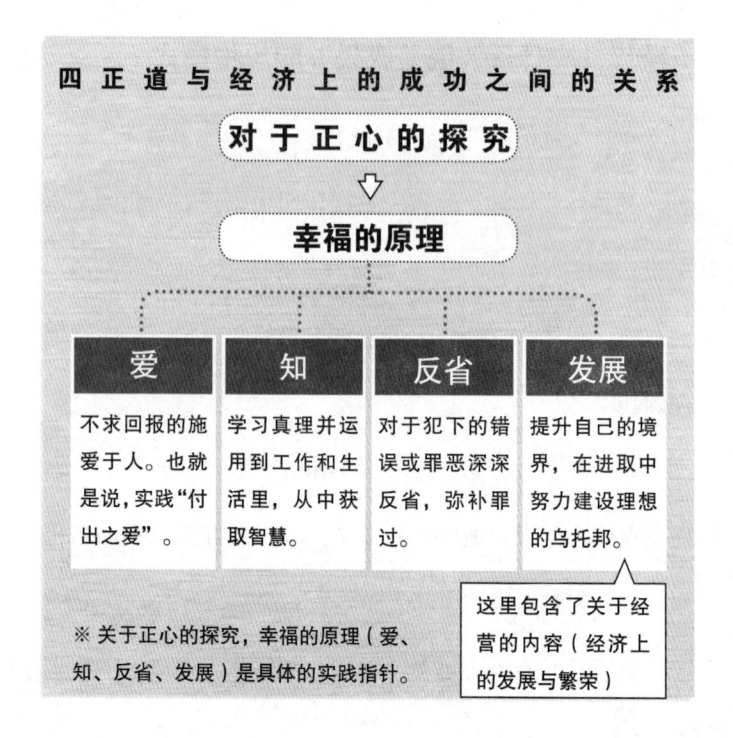

四 正道与经济上的成功之间的关系

对于正心的探究
⇩
幸福的原理

爱	知	反省	发展
不求回报的施爱于人。也就是说,实践"付出之爱"。	学习真理并运用到工作和生活里,从中获取智慧。	对于犯下的错误或罪恶深深反省,弥补罪过。	提升自己的境界,在进取中努力建设理想的乌托邦。

※ 关于正心的探究,幸福的原理(爱、知、反省、发展)是具体的实践指针。

这里包含了关于经营的内容(经济上的发展与繁荣)

... 发展与繁荣的秘诀 ...

来,让他们安居乐业,那么不幸的人将越来越少。但是近年来,每年都有上万家企业破产,而因为企业破产失业的人们能顺利再就业还好,否则将造成越来越多的人沦落不幸之中。

这就是世间的法则。只有依靠智慧才能规避不幸。

在这个意义上,虽然未必可以拯救所有的人,但我经常论述与经营相关的内容为大家提供参考。希望社长或职员们能够从中得到灵感,规避赤字或倒闭的风险,重整企业谋取发展。

可实际上却很难拯救所有的企业。思维模式对"成果"具有举足轻重的意义,所以首先必须修正思想,错误的观念是很难得到正确成果的。

2 由经济全球化引发的世界性通货紧缩

不要对环境的好转盲目乐观，应该思考如何在严酷的环境下生存

1990年左右，日本经济泡沫破灭，开始出现由土地等资产的贬值而引发的经济衰退，发生股市崩盘等状况，大批企业倒闭，导致失业者剧增。

并且，由于生活必需品价格的回落，持续出现通货紧缩，以至于连公务员也遭到降薪。

最初以为崩盘的只有地价，结果却波及其他方面，造成各方面价格下跌的情况。

当时很多人把通货紧缩当成噩梦，妄想政府出台有利政策，用一两年的时间使经济恢复到原来的水平。

当然，如果政府把通货膨胀明确立为目标，各方面都以通货膨胀为重的话也不能说完全没有实现的可能。但是，

... 发展与繁荣的秘诀 ...

如果树立了错误的通胀目标,就必须再去填补漏洞。

1950年左右,因"朝鲜特需"(因朝鲜战争产生的特需)日本经济复兴,所以泡沫经济破灭后,很多人憧憬着再发生"特需"来刺激经济。然而纵观迄今为止的数十年间,原则上不得不说政府无能,日本政府无力出台有利的经济政策带动发展,还是不要做美梦了。

就算真的发生由战争等产生的"特需",也会为将来埋下负面的影响。

所以基本上不要妄想经济环境发生出乎意料的好转,考虑在现有状况下如何生存才是王道。

发展中国家拉低发达国家的物价

纵观世界经济的走向,我认为通货紧缩是世界大环境的基调。

有些发展中国家的经济持续发展,比如中国正以每年

---- 经营入门 ----

十个百分点的速度高度增长，达到了几十年前日本高度成长期时的水平。

虽然类似中国这样的发展中国家也发生着通货紧缩，但由于与发达国家相比人工成本仍然偏低，反而成为了发达国家的生产基地，输出低价商品。

这就带动了发达国家的物价回落。这是世界范围内的经济构造，不是日本一个国家可以撼动的。

如果日本企图以一国之力实行通胀政策，估计只有闭关锁国一个办法吧，因为在当前的国际经济下是不可能做到的。与世界经济相关的部分，不能试图用一国的方针去改变。

在这种经济全球化的大环境下，发展中国家势必会拉低发达国家的物价，这是无法改变的国际经济的基调。

... 发展与繁荣的秘诀 ...

3 把技术革新带动的物价回落作为经营决策的一环

文明的利器使物价下降

从另一方面来说,生产力的提高势必促使物价下降,这是正常现象。

随着文明的利器不断被发明出来,我们的生活也变得越来越便利,生产力也随之提高。因为文明的利器不可能导致生产力下降。

比如,曾经我们用手工或是算盘计算,现在改用机器,大大的提高了工作效率。

曾经需要支付30万月薪的职位,现在月薪20万水平的人就可以胜任了。

同样的工作借助便捷的机器来做,那么职位薪水也必然随之降低。

当然,随之降低的还有商品价格。曾经一台电脑价值

经营入门

几亿日元，不是一般企业用得起的。然而随着电脑价格一路从数百万、数十万逐渐下降，到了今天只需花费数万日元就能买一台个人电脑，商品价格大大降低。

有的企业曾经从销售价格数百万日元的商品上获得巨额利润，但商品价格不断下降到数十万、数万日元，从而不得不销售几百倍的商品才能保证相同的利润。

如果销售数量与以前持平则几乎没有收益，公司将会面临倒闭。

所以说，随着技术的革新，生活越来越便利，基本上物价下降才是正常的，否则说明某个环节上出现了效率低下的情况。

以前，电脑刚刚被发明出来的时候，体积非常庞大且性能低下，发生过很多由于引进电脑导致经营恶化的情况。

因为引进电脑需要花费大笔资金，如果因为电脑的引进而降低人工成本的话尚可，但事实上，企业不得不另外

... 发展与繁荣的秘诀 ...

聘请输入信息的员工，反而增加了人工成本。

日本的银行从昭和四十年代开始逐步导入电脑系统，却很少听到哪家银行"因电脑而节省了人工成本"。近年来时常传出银行裁员的消息，但当时随着新系统的导入反而增加了工作量和人工成本。

这违背了导入新系统的意义。随着文明的推进，便利的发明越来越多，生产力应当得到提高，这才能被称之为技术革新。

生产力的发展停滞，说明存在低效能环节

就像以前发生过的电脑系统的导入反而导致效能低下的情况，有时会发生技术革新反而造成不便的情况。

现在我们常用电子邮件工作，但如果我们总是用邮件交换些不必要的信息，则会造成工作效率低下，无端浪费了时间。

——— 经营入门 ———

　　当然，这也有好的一面，曾经基层员工无法与社长直接对话，而电子邮件则成了两者间的连接桥梁。

　　但是，如果员工发了太多根本没必要的邮件给社长，而社长又一一回复的话，那么就必须降低社长的薪水。因为社长原本应该处理更高层次的事务，却做这些浪费时间的琐事。

　　如果文明的利器并没有提高工作的生产力，说明存在某个低能效的环节，必须将这些环节逐步淘汰。如此才能降低物价，节省人工费。并且，如果某个岗位仍做着与以前无异的工作，则需要降低职位薪酬。

　　机械化的导入必须让物价和人工成本更低。如果想维持目前的收入，必须创造更多的附加价值。

　　从全局走向来看，物价的下降说明了效率化的提高。

　　"同个单位时间里每个人的劳动价值相同"这条马克思的劳动价值观现在已被粉碎，便利的机械化必然会用更

通货紧缩是世界经济的基调

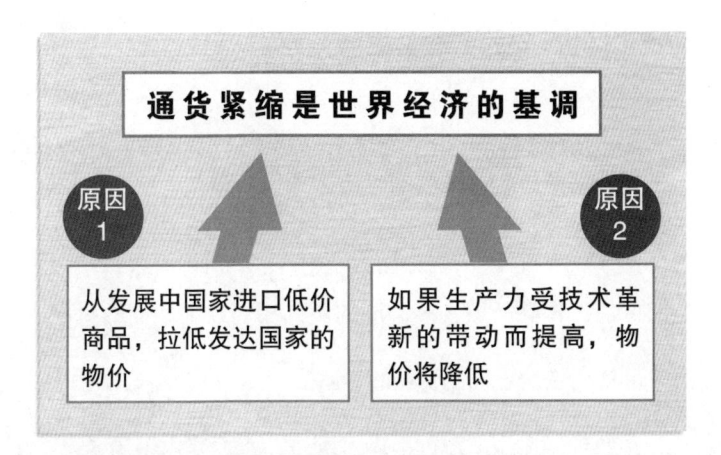

原因1：从发展中国家进口低价商品，拉低发达国家的物价

原因2：如果生产力受技术革新的带动而提高，物价将降低

短的时间、更低的成本创造更多的价值。

要认识到这个基本趋势，物价不断上升是不正常的。

汽车行业也是这样，随着新型汽车的不断开发，性能优良的汽车必然会越来越便宜，否则将在竞争中败下阵来。

所以，物价的下降是必然趋势。

―――― 经营入门 ――――

4 单凭打价格战无法生存

创造高品质、高性能的"高附加值商品"

要在物价逐步下降的趋势中立足,就必须创造更高的附加价值。将高品质、高性能的商品用与以前相同的价格推向市场,这是对现代企业的考验。

曾经很多大型超市都因做不到这一点而陷入困局。

比如日本的零售业巨头大荣(DAIEI)株式会社在地价飞涨的时代,每开一家店铺都会购置比实际需要更大面积的土地。新店开张之后,土地价格能涨到两倍左右,再抵押给银行做担保来贷款。

大荣株式会社看准资产增值的前景,用这样的方式扩大市场份额,并调低商品价格,开展"物价二分之一革命"。

但当时我判断,看准土地增值来贷款与"物价二分之一革命"无法并立,将来肯定要出问题。

... 发展与繁荣的秘诀 ...

由土地的增值带动担保价值的提高,以此为杠杆开店,与此同时又开展"物价二分之一革命"调低商品价格、扩大市场份额。为了达到这个目标,要么击垮同行,要么单纯增加员工人数,没有第三种方法。

所以这种做法在理论上是不成立的,而后来发生的事实也证实了这一点。

另一方面,大荣株式会社也败给了那些船小好调头的廉价商品店。

调低价格的同时又没有推出高附加值商品,一味地停在原地观望,这样的企业终将倒闭。除非立即出台相应的举措,否则基本可以断定倒闭无疑。希望大家要牢记这条理论。

日本应该从发展中国家吸引外国人来增加人口吗?

或许大家还没有意识到,其实美国的人口正在上升。

―――― 经营入门 ――――

在多数日本人的印象里,美国的国土面积是日本的25倍,而人口大约是两倍。但实际上,美国这个适合居住的国家正因外国人的涌入致使人口逐步增长,到现在已经突破了3亿,向4亿人口迈进。

日本的人口数量最多的时候有1亿3千万人,并且正在逐年下降。然而美国人口却正在向4亿人靠近,几乎快是日本的3倍了。

如果人口增加,那么在物价下降的情况下仍能带动经济复苏。然而日本的人口却在下降。再加上物价降低,造成总收入减少,倒闭企业增多。

面临如此严峻情况的日本应该怎么做呢?

首先当然是"增加人口"。像美国一样建立开放型社会,从东南亚或非洲吸收5千万左右的外国人从事土木工程等工作。

大约数十年到一百年前,日本的知识分子也曾远渡非洲一边洗盘子一边学习。其中不乏回到日本后担任政府高官等要职的人。

与此相同的，为了增加日本人口，作为发达国家，要考虑接受发展中国家的移民。

比如从非洲来的外国人到日本做些钟点工之类的工作，他们所得的收入与本国相比应该要丰厚得多。他们怀揣着在日本勤工俭学，然后回国大展宏图的思想来到日本。但是由于语言或习惯上的不同，形成了不小的障碍，现阶段还难以实施。

吸收外国人增加本国人口的做法由于涉及治安和文化差异上的问题，大多数日本人持反对态度。

但是，继续保持现状的后果可想而知，必然是日本国家实力的衰退。

―――― 经营入门 ――――

只会打"价格战"的企业必然倒闭

企业为了在这种环境下生存下去,不能单纯地依靠打价格战,因为那会造成企业破产。

即打价格战又不能让企业破产,那么如果是具备一定实力的大公司,就要像上面说的那样去击垮同行,利用雄厚的资金实力和市场份额调低商品价格,可以在一定程度上提高销售额。

具有一定实力的企业可以用调低市场份额大、前景被看好的商品的价格来击垮同行,抢夺市场份额。

5 开发高附加值的商品是中小型企业的生存之道

用优于同行业的商品或服务,均衡降价的压力

大型企业的经营者寥寥无几。根据统计数据显示,中

... 发展与繁荣的秘诀 ...

小型企业占了企业总数的 99% 以上。

在中小型企业的生存之道上需要注意是：基本上，与大企业打价格战是必败无疑的。

顾客当然希望东西越便宜越好，但与大企业打价格战的话，中小型企业必败。

打价格战等于是切断了中小型企业的未来之路。或许为了生存不得不在短期内采取低价攻略，然而时间长了，将因此被扼住喉咙，最终走向破产。

而那些大型企业的供应商们则有可能被收购，于是中小型企业沦落为"仆人"，只能对大企业唯命是从。可能因一再被要求"降价"而造成赤字，最终被大企业吸收吞并。

大型企业运用这种手段兼并收购下面的供应商。所以在"降价风暴"中，中小型企业毫无半点胜算。

那么，在人口增长停滞的社会里，中小型企业该如何谋求发展和繁荣呢？其实基本上就只有一条路，那就是创

---- 经营入门 ----

造高附加值的商品或服务。

开发同行业中独一无二的商品，提供独一无二的服务，逐步提高附加价值，以此来均衡降价的压力。创造价格高但受欢迎的商品是非常重要的。

在生活必需品领域中，由于市场规模过大，中小型企业无法与大企业抗衡。所以在日常生活必需品的领域里，大企业占尽了优势。

生活必需品的价格低，走货快，中小型企业大多认为该行业很容易抢占市场份额。

然而当经营陷入困境时，多数人误以为只要抓住可以薄利多销的商品，创造利润，就一定能提升企业销售额，却忘记了那是大企业为王的道路。

即便是大企业，即便大批量投放低价商品，如果保证不了收益率迟早也会遭遇经营困境的。在这样的市场环境中，中小型企业是没有能力跟大企业抗衡的。

... 发展与繁荣的秘诀 ...

开发出高附加值的商品，或提供高质量的服务才是中小型企业的生存之道。

中小型企业瞄准的市场过大容易导致破产

所谓高附加值，指的是"并非所有人都需要"。

所有日本人都需要的高附加值的东西几乎没有。

被所有人需要的东西是必需品，是可以大量生产的物品。可以大量生产的物品一定会逐步降价，所以不应瞄准这类商品。而那些"未必是必需品，但受到一部分人的欢迎，并附有崭新价值"的商品更适合作为开拓目标。

瞄准的市场过大必定会输给大企业。就算是由中小型企业最先发现并开拓出来的新兴市场，当发展到一定的规模之后，大企业一旦加入，就会对中小型企业产生不小的威胁。

若瞄准生活必需品等规模过大的市场，中小型企业最终将被大企业击垮而淘汰出市场。

中小型企业应该寻找一个市场规模不大的特定领域，倾尽全力创造出其他人无法企及的技术或服务。

目标市场的规模过大或过小都不可以，最好锁定在大企业不会轻易涉足的范围内，然后全力创造出高附加值的商品或服务。若不如此，中小型企业在今后就很难在市场中立足。

当然了，如果在两三年的短时间内突入大规模的市场"赚一票就走"也可以，但不能无限制地重复下去。

6 专注于某个特定领域是中小型企业的生存之道

集中经营资源大力度投入

中小型企业员工少、资金实力小、申请贷款的难度

...发展与繁荣的秘诀...

大,在生意往来中处于极为弱势的地位。同时,中小型企业的业务员人数也大大少于大企业。所以,必须认真思考如何利用有限的经营资源与大企业竞争。

而如今的大企业也变得像笨拙的大象和海龟一样无法做出客观的判断,看到利好马上扑上去。大企业根本不会把击垮一家中小型企业之类的事情放在心上。

为了在艰苦经营的大企业间"夹缝中求生存",中小型企业必须具备自己的特色。

因此,必须要几种经营资源大力度投入下去,绝不能"遍地撒网"。

尤其是很多中小型企业的社长,在大企业面前有些自卑感,生搬硬套大企业的做法。

大企业施行的是"遍地开花"式经营,在各个行业都推出丰富多样的商品。他们习惯在众多领域推出一系列产品,同时涉猎多个行业,摆出一副高高在上的架势。要知

经营入门

道这种"传统"早已过时了。

在日本经济的高度成长期中，人们通常对于像综合商社那样名称中冠有"综合"两个字的企业抱有好感。认为"遍地开花"是经营规模大的证明，是对世间有益的、了不起的公司。

然而今天，给名称加上"综合"二字的企业，面临破产的风险却越来越高。

"综合"可以理解为"遍地开花"，要知道"遍地开花"主义的企业很有可能遭遇破产。组织结构庞大在过去可能是实力的体现，然而到了现代已经变成了一种弱点。

综合商社对很多领域都有涉足，其中必定有亏损的部门，然后用盈利部门的利润去填补赤字，让总销售额实现盈利。

然而，在陷入经营困境中时，如果为了面子仍然维持亏损部门的经营，将进一步加重企业的困境。

... 发展与繁荣的秘诀 ...

所以，如果认为我们是综合商社，必须保持庞大的部门数量来保住公司的面子，而不去按照常规做法淘汰亏损部门的话，最后必定会被赤字压垮。

死要面子的企业迟早要遭遇困境。

综合化经营仅适用于经济高度增长期，而在当今社会则难以为继。

今后企业的生存之道在于，不要执着于"综合化"，而要加大力度专注经营某一个前景被看好的商品或事业。

大企业也需要丢掉面子包袱，着手整理子公司的时代已经来临

同时，大企业也有其特有的弱点。

在经济高速成长期，为了让企业主体的财务报表看上去很漂亮，通常会开设数十家甚至数百家子公司。当总公司出现业绩下滑时，就把不良数字全部转嫁到子公司身

经营入门

上。而高薪低能的总公司员工也会被降薪三成左右流放到子公司去，用此类手段掩盖总公司的赤字。

另外，子公司也不会直接向银行贷款，而是由总公司大量贷款后把多余资金拨给子公司，所以才会出现子公司明明赤字却有大笔资金流入的现象。

如此巧妙分散赤字部门，让企业主体看上去经营顺畅，削减总公司员工，让经营看上去更加合理化。然而实际上，子公司的员工人数甚至可能是总公司的数倍甚至近十倍。

当时有很多大型企业采取这种高高在上的"帝王式"经营模式。然而当今时代，大型企业必须开始着手整理子公司了，要去除那些原本为了面子勉强维持运营的不盈利部门。

... 发展与繁荣的秘诀 ...

今后的时代中小型企业要专注于"割据战"

大企业尚且被综合化经营所累,更何况是中小型企业。今后的时代将越来越注重专业化,一定要做到在某个领域具备先进的知识和技术,以及丰富的经验。

中小型企业要用专业化经营来对抗大型企业,打的是"割据战"。

大企业虽然综合实力强大,但是,如果专注经营某一个特定领域的话,那么即便是规模只有大型企业十分之一的小型企业也是有胜算的。

要在优势的积累、员工的熟练度,以及特定商品的创意性上寻找对抗大企业的方法。拥有这种思维模式是非常重要的。

中小型企业不应采取商品种类丰富的"百货店式"的经营模式,而是要寻找前景被看好的商品或领域作为自己的生存之道。

---- 经营入门 ----

如果能在某个特定领域里迎合顾客的需求并提供丰富的商品，即便是中小型企业也能打赢大企业。

因为大企业虽然涉猎的范围广，却未必能在每个领域都有品种丰富的商品。

要在大企业面前寻找自己的生存空间，就必须将某一领域做到极致。"在这个领域，我们做的比大企业更好"，这就是中小型企业的生存之道。

7 针对盈利部门加大经营资源的投入力度

经营者要果断淘汰亏损部门

那么，如何将某一特定领域做到极致呢？

拥有数十年历史的大型企业往往在综合化的洪流中，在经济蓬勃发展时期建立起庞大的组织结构，所以需要认

... 发展与繁荣的秘诀 ...

真审视并调整企业结构。

要把人、物、资金、信息的经营资源,从"仅为维持企业形象而存在的不盈利部门"转为"大胆投入到盈利部门,或者盈利前景良好的部门中"去。

要认真考虑如何妥善处理赤字、不盈利以及前景堪忧的部门。

即便是由社长亲自策划,并在一段时期内盈利过的部门,只要现阶段出现了赤字也要果断淘汰。不能因为是社长亲自策划的就下不了决心。在这一点上,无论是中小型企业还是大型企业都是一样的。

数年前,松下电器就曾进行过大刀阔斧的改革,松下创始人松下幸之助健在时建立的熨斗事业部被整合重组。即便是松下这样的大型企业也是需要改革的。

曾经,熨斗为企业带来了丰厚的利润,因此特意将其建为一个独立的部门。

经营入门

只要不出现赤字,那些建立已久的部门就不会被轻易裁撤掉。

因此,出现赤字的同时也是构造改革的契机。这时,要果断淘汰掉不盈利的部门。这对改善企业体制、促进企业健康发展大有裨益,因此出现赤字也有积极的一面。

裁撤掉亏损的部门,把该部门优秀的制造、营销人员补充到盈利部门或前景被看好的部门中去。

第一部第2章"如何成为帅才"中也曾提到过,审视业务内容时可以使用"ABC分析法",按照业绩划分A、B、C三个等级。

还有帕累托定律,也称二八定律,"20%的商品创造了80%的销售额"。依据帕累托定律分出盈利和亏损部门。另外还有95%原理,"保留盈利额占整体95%的部门,淘汰剩余的5%"。

不管使用哪种方法,"裁撤"是经营者必须做出的非

... 发展与繁荣的秘诀 ...

常艰难的决断。

或许会下不了决心，或许会担心损失被裁撤掉的那部分销售额，但是如果把不盈利部门的人力投入到盈利部门中去，将会提升战斗力带动业绩的上升。所以，必须果断出击，淘汰不盈利的部门。

寻找"灰姑娘产品"

然而值得注意的是，不要把现阶段盈利不高但前景很好的部门当成不盈利部门裁撤掉，千万不要裁掉"未来的摇钱树"。

同时，有些商品或部门虽然在企业内部不被重视，但它们仅占用有限的经营资源，却能创造出利润，这时就要注意不要忽视它们。

大家没有留意到，的确存在这样用有限的资源创造出丰厚利润的部门。这样的产品称之为"灰姑娘产品"。灰姑

经营入门

娘一样不受重视遭到排挤,却拥有公主一般的素质。产品中也有这样的情况。

有些无能的社长总是把精力全部花在滞销品上,他们拼命想办法要卖掉那些拖公司后腿的产品。

然而滞销是有原因的,最主要的,就是因为顾客不愿意花钱购买。

滞销品积压在仓库里成了沉重负担,于是经营者为处理掉不良库存费尽心机的做宣传、增加人手,最终却导致企业破产。

可是有的产品虽然没怎么宣传,也没花力气做营销,销路却很好。一定不能错过这样的"灰姑娘产品"。

要把明显滞销的产品份额缩小,对畅销产品加大投入力度,而投入小回报高的产品更应该受到重视。但实际上经营者却更容易把目光聚集在滞销品上。

所以请一定要避免发生类似情况。

... 发展与繁荣的秘诀 ...

8 考量的重心要从"自身利益"转移到"顾客"上

顺应顾客的需求提高工作效率和服务质量

把精力投入到滞销品上的情况在超市就能遇到。陈列商品时,无能的店长会本能地把生产日期较早的旧商品放在前面,把近期生产的商品放在后面。

他们认为自己遵循了"先进先出"原则,是合格的店长。但是,这其实是一种自以为是的想法。他们以为这样能减少不良库存,可是旧商品也是需要被卖出去的,从顾客的角度上看这样的行为便极为不妥。

像"7-11"便利店那样的优质企业,会定期统计销售情况把握畅销商品动向,并且根据需求每天频繁配货。像便当等畅销类商品每天要配货两三次,力求把最新鲜的商品送到顾客手里。这才是真正的优质服务。也正是这样优质的服务才会吸引到顾客前来购买。

—— 经营入门 ——

但是那些把生产日期较早的商品，或者卖剩下的、落满灰尘的商品放在前面的人，套用上面的说法来讲，相当于把精力全都投入到滞销品上的社长。

社长必须及时转变思想，不能再单凭主观意识行事。要以顾客为先，把顾客的满意度放到首位。要舍得丢弃那些陈旧的商品，这才是正确的做法。

未来时代中小型企业的生存之道

需要修正的思维模式	投入重点
① 价格战	⇨ 开发高附加值商品
② "遍地开花"主义	⇨ 集中资源重点投放
③ 以本公司利益为中心的思维模式	⇨ 以顾客为中心的思维模式

说个浅显易懂的例子。从很久以前，香蕉就被进口到了日本，然而有一段时期香蕉的销路并不好，其实就是销售方法上出了问题。

... 发展与繁荣的秘诀 ...

因为香蕉不容易保存，通常在完全成熟之前采摘下来运送到日本，被摆上店头时还是青的，然后才慢慢成熟。如果把完全成熟的香蕉摆出来，那不出一两天就会坏了。

于是，不管装船时还是配送到店铺时都是青皮的香蕉比较好，不至于在运输途中腐坏。

由于有可能买到硬邦邦的香蕉，所以顾客必要捏一捏看看成熟了没有。于是卖不完的香蕉便很容易腐坏，有的甚至当天就全都变黑了。

因此店家会购进方便运输的青香蕉，放几天等它成熟之后再摆出去卖。然而这种做法并不符合顾客需求。

香蕉最好吃的时候就那么一两天，必须力争在最好吃的时候卖完。

顾客明明是因为不愿意买到没有成熟的香蕉才不来买，店家却拿"被蛋糕之类的点心抢去了生意"做借口。其实根本原因在于，店家没有考虑到顾客的需要，只顾着

经营入门

自己的利益。

最近出现了一种与其完全相反的思维模式。市面上出现了"完全成熟的番茄"等全熟型商品。农园等到番茄完全成熟，在番茄糖分含量最高的时候采摘下来销售。

要让顾客吃到日照充沛、味道甜美的全熟番茄的确很不容易，这也是一种制胜手段吧。但如果能获得顾客的好评，想必一定能够畅销。所以经营者不应该局限在"容易保存"的商品上，要适当把目光转向"全熟番茄"这类的商品上。

然而还没成熟的青番茄却出现在了小学生的餐盘里。虽说学校食堂无法提供全熟番茄这种等级的食物，但让孩子们吃青番茄，只会给孩子们种下"番茄是酸的"这种印象，从此讨厌吃番茄。

成熟的番茄明明是甜的，却有很多孩子因为吃到过酸涩的青番茄而讨厌吃番茄，我想即便是成年人也没人喜欢

... 发展与繁荣的秘诀 ...

吃青番茄吧。所以，推行高高在上的"帝王式"经营只会造成顾客不断流失。

上面是其中一个例子，企图把滞销品卖出去或者进购些极不易保存的商品之类的误区其实时有发生。

但是要考虑顾客的需要，在顾客想要购买的时候提供最佳状态的商品，这就需要在提高工作效率和服务质量上下功夫。

企业的生命线掌握在顾客手中

企业要以顾客为中心，掌握企业的生死和将来是破产还是发展的，是顾客。然而很多人却忘记了这一点。

如果误以为企业的生命线掌握在员工手里，或者掌握在社长、部长等管理层的手中就大错特错了。真正掌握企业生命线的其实是顾客。顾客购买，企业则发展，不买则倒闭，这是多么浅显的道理。

经营入门

顾客会在沉默中切断生意往来，这对企业来说是残酷的，但对于顾客来说，只是"换另一种选择"这么简单。不明白或误解这一点的企业必然要倒闭。

以前我入住过一家酒店，点了一杯咖啡却迟迟不送来，等了30分钟终于来了，不出所料，咖啡已经不热了。

酒店的一杯咖啡差不多要卖1000日元，但喝过一次温吞吞的咖啡之后，没有人会愿意再次入住这家酒店。

还有一年的夏天，我在一家酒店的休息厅点了一杯冰咖啡，送上来的咖啡却一点也不冰。就是要"冰"才点的冰咖啡，怎么能送一杯温咖啡上来呢？

估计是把热咖啡倒进盛了冰块的杯子里做出来的，所以送上来时一点也不冰，这是不负责任的表现。发生过这样的事情之后我就不会愿意再入住那家酒店。

虽然咖啡只值几百、一千日元左右，但也不能为了提高效率而马虎。其结果只会导致客人不再光顾这家酒店，

... 发展与繁荣的秘诀 ...

不再来这家餐厅吃饭,这对于酒店来说是莫大的损失。

估计当时服务员因为太忙了,没有考虑到不能把温吞吞的咖啡递给客人,而把及时送上咖啡的事情忘在脑后了。那个在夏天送来"不冰"的冰咖啡的酒店服务员也是一样,嫌特意做杯冰咖啡太费事了,不如把现成的热咖啡倒进盛了冰块的杯子里方便。

从某种意义上来说这种偷懒的方式或许是合理的,然而却会造成整体上的损失。

以顾客为先是不能忽视的根本,要满足顾客的需求,工作马虎大意肯定会被淘汰。

看似合理的工作却容易造成整体上的大损失,这一点不容忽视。

9 经营是对人类的爱和贡献

丢掉"以自身利益为中心"的思维模式

上面谈到了很多内容,下面来说一说创造高附加值的重要性。

为了达到这个目的,不能试图"遍地开花",而是要针对企业自身的优势,集中经营资源,加大投入力度。同时,也要在该领域打割据战,发挥不输大企业的强大实力。

暂时采取低价攻略是可以的,但若长期打价格战肯定会输给大企业。所以必须创造高附加值的商品,向着"即便价格偏高也很受顾客欢迎"的方向努力。否则中小型企业将难以生存。

经营者们为了使经营合理化,会付出各种各样的努力,但就像上面说到的香蕉的例子那样,看上去不成熟的青香蕉既容易保存又能减少库存损耗,看似是对经营有利。但实际上这种经营方式却会造成顾客流失。

如果你提供的商品或服务不能让顾客满意,就没有将来。所以经营者要坚持不懈的努力,时刻铭记"顾客为先",绝对不能以自身利益为中心。

经营者要谦虚的反省和思考

在企业内部,常有"这样做有助于提高经营效率,是合理的"、"这样做能减少不良库存"、"这么做能用更少的人手完成工作"之类的想法。但必须铭记的是,考虑得再多,一旦被顾客抛弃,企业必然要倒闭。

从高层次来讲,经营是为人类做贡献,是对人类的"爱"。所以,不能带着恶意去工作,也不能马虎懈怠或者无意中伤害别人。

不要认为自己好就行了,这些是极其负面的想法。这样的企业倒闭是正义使然,任何人都会认为这样的企业应

—— 经营入门 ——

该倒闭,而不会给予同情。

经营者要谦虚地反省。不是只有优秀的企业才能经营顺利。希望大家能谦虚地反省、思考,寻找生存之道。

以上,我以"经营的秘诀"为题进行了简单阐述,希望能为各位经营者带来帮助。

> **怎样让经营成为对人类的爱和贡献**
>
> 丢掉以自我利益为中心的思维模式 CheckPoint
> ☐ 经营中夹杂恶意了吗?
> ☐ 严谨对待工作了吗?
> ☐ 有没有在无意中伤害了别人?
> ☐ 有没有"自己好就行了"的想法?
>
> ⬇
>
> **经营者要谦虚的反省、思考,寻找生存之道**

...从人类学角度看经营...

后　记

　　熟读本书，将会显现出一大批企业家和大企业家，促进地上乌托邦的实现。

　　如此，可以说实现了企业层面上的"幸福论"吧。

大川隆法